Al-Khatir · Überleben

Zain-Alabidin Al-Khatir

Ums Überleben kämpfen

Meine Flucht aus dem Sudan und Libyen nach Deutschland

Übersetzt von Tom Heyne

Arete Verlag Hildesheim

Gefördert durch

Sparkasse
Hildesheim Goslar Peine

Mit Unterstützung durch Flüchtlingsrat Niedersachsen e.V.

Bibliografische Information der Deutschen Nationalbibliothek
Die Deutsche Bibliothek verzeichnet diese Publikation in der Deutschen Nationalbibliografie; detaillierte bibliografische Daten sind im Internet über http://dnb.ddb.de abrufbar.

Übersetzung: Tom Heyne, Leipzig
Layout, Satz und Umschlaggestaltung: Composizione Katrin Rampp, Kempten
Druck und Verarbeitung: Medienhaus Plump, Rheinbreitbach
ISBN 978-3-96423-020-1

Danksagung

Ich widme dieses Buch meinen lieben Eltern, meinen Geschwistern, meinen Verwandten, Freunden und Freundinnen, Bekannten, allen meinen Lehrern und Lehrerinnen, meinem Trainer, meinem Chef und allen anderen, die mich beim Schreiben dieses Buches unterstützt und mich dazu ermutigt haben, das Vorhaben in die Tat umzusetzen. Ich widme dieses Buch außerdem all jenen, die aus ihrer Heimat auswandern oder flüchten mussten und sich nach wie vor in der Hand von Schleusern befinden. Ich widme es den Menschen, die das Meer von uns gerissen hat, als sie versuchten, ihr nacktes Leben zu retten. Und nicht zuletzt widme ich es denjenigen, die Tag und Nacht im Einsatz sind, um im Mittelmeer in Seenot geratene Menschen vor dem Ertrinken zu retten.

Mein ganz besonderer Dank gilt der lieben Freundin, die mir ihren Computer zur Verfügung gestellt hat und damit dieses Buch möglich gemacht hat.

Aber an allererster Stelle danke ich Allah dafür, dass er mich auf meinem Weg begleitet und beschützt hat, so dass ich meine Erlebnisse in diesem Buch niederschreiben konnte.

Inhaltsverzeichnis

1. Einleitung

Wer wie ich den Entschluss fasst, aus politischen Gründen aus dem Sudan zu fliehen und sich nach Libyen durchzuschlagen, muss sich der Konsequenzen dieses Schrittes bewusst sein und dann auch bereit sein, diese zu tragen. Und jedem, der sich innerhalb Libyens auf den Weg nach Tripolis oder in irgendeine andere Stadt machen will, muss klar sein, dass ihm eine schwere Zeit voller Leid und großer Herausforderungen bevorsteht!

Wer sich in die Hände von Schleusern begibt, ist ihnen absolut ausgeliefert und nur Allah kann ihn noch schützen. Wer sich Schleusern anvertraut, muss akzeptieren, dass ihn Gefangenschaft, Folter, Erniedrigung, Hunger, Durst und Versklavung erwarten können. Frauen droht darüber hinaus die Vergewaltigung. Auch die verschiedenen Milizen stellen eine große Gefahr dar. Sie nehmen Menschen willkürlich gefangen, inhaftieren oder töten sie.

Dies umreißt das Martyrium, welches Migranten und Ausländer immer wieder in Libyen durchleben müssen. Auf meinem Weg durch das Land, der mich bis nach Tripolis führte, habe ich viele negative Erfahrungen gemacht. Dieses Buch vermittelt einen Eindruck von den Strapazen und Qualen, mit denen ich auf meiner Flucht konfrontiert war. Es erzählt von den Erlebnissen, die ich als Gefangener der Schleuser machte. Es ist auch ein Zeugnis über den unwürdigen Umgang mit uns als Ausländern sowie vom Leid und den Schwierigkeiten, die uns auf unserem Weg durch Libyen widerfuhren. Es schildert die psychische und physische Gewalt – Erniedrigungen, Prügel und Raub –, die uns die Schleuser antaten, deren Menschenverachtung besonders die Frauen traf. Nicht zuletzt vermittele ich in den folgenden Kapiteln auch einen Einblick in die Schleuserrouten nach und von Libyen, den Weg über das Mittelmeer und die Methoden der Schleuser.

Anlass des Buches:
Während ich in der libyschen Stadt Bengasi wohnte, verschlechterte sich die Lage der dort lebenden Migranten und Geflüchteten zusehends. Ständig hörten wir Geschichten darüber, dass wieder jemand beraubt, verprügelt, verhaftet, entführt oder getötet wurde. Andere gingen zur Arbeit und kamen nie wieder zurück. Es geschahen schreckliche Dinge, die mich auch persönlich betrafen. Daher entschied ich mich, ein Buch vor allem über meine Erlebnisse in Libyen zu schreiben. Es heißt „Ums Überleben kämpfen", denn jeder Mensch will leben und kämpft um sein Überleben.

Alles, was ich und all die anderen taten, die ihre Heimatländer aus verschiedensten Gründen über das Mittelmeer und andere Routen verließen, taten wir, um zu überleben – wie alle anderen auch, die ihre Häuser und ihre Heimat hinter sich ließen, um vor Kriegen und Konflikten in Gebiete zu flüchten, die ihnen Schutz gewähren. Wir alle kämpfen um unser Leben.

Bereits in Libyen begann ich, meine Geschichte auf einem kleinen Notizblock niederzuschreiben. Allerdings vernichtete ich die Aufzeichnungen, noch während ich im Land war, weil ich das Gefühl hatte, dass diese mein Leben gefährden könnten. Aber die Erinnerungen blieben so stark, dass ich sie auch auf der anderen Seite des Mittelmeeres nicht vergaß und sie wieder aufschreiben musste.

2. Der Weg nach Ägypten

Nachdem ich mich entschieden hatte, den Sudan in Richtung Ägypten zu verlassen, verabschiedete ich mich am Morgen des 17. November 2013 von meiner Familie. Zusammen mit meinem engen Freund Ishak ging ich am Abend zum Abfahrtspunkt Dunkula auf dem sogenannten libyschen Markt in der Stadt Omdurman. Dort mieteten wir zwei Betten in einer Unterkunft und schliefen mit unseren Taschen als Kissen unter dem Kopf.

Am Montagmorgen nahmen wir dann den Bus in Richtung Wadi Halfa im Norden des Sudan. Als wir ankamen, war es bereits gegen fünf Uhr abends. Beim Aussteigen bemerkten wir in der Nähe der Haltestelle eine große Moschee. Wir gingen gleich hinein, um das Mittags- und Nachmittagsgebet zu verrichten. Erst danach mieteten wir ein Zimmer für 60 Sudanesische Pfund am Tag in einer der traditionellen Herbergen; einem normalen Wohnhaus, in dem mehrere Zimmer vermietet werden. Reisende bleiben in diesen Unterkünften in der Regel zwischen einem Tag und einer Woche, bevor sie sich wieder auf den Weg machen. Manche der Gäste kehrten gerade aus Ägypten zurück, während andere, wie wir, den Sudan verließen.

Wir verbrachten insgesamt zwei Tage in der Unterkunft. Die Reise sollte dann per Schiff vom Hafen Halfas aus weitergehen und so machten wir uns am frühen Morgen des darauffolgenden Tages auf den Weg zu einem Ticket-Office. Wir mussten jedoch lange warten, bis das Büro endlich aufmachte. Zusammen hatten wir 800 US-Dollar dabei, von denen wir insgesamt 100 US-Dollar für die Tickets ausgeben mussten, umgerechnet 370 Sudanesische Pfund pro Person.

Absurd: Alle Reisenden müssen ein Hin- und Rückfahrtticket kaufen, selbst wenn sie gar nicht die Absicht haben, zurückzukehren. Also kauften wir beide ein Ticket für Hin- und Rückfahrt.

Beim Ticketkauf fehlten mir knapp drei Sudanesische Pfund, um die notwendigen Dokumente zu bezahlen. Ich sagte dem Polizisten am Schalter, dass ich nicht mehr als anderthalb Pfund hätte. Obwohl ich zusätzlich 30 Dollar bei mir hatte, stimmte das, denn man konnte am Schalter nur mit Sudanesischen Pfund bezahlen. Zu meinem Glück stand neben mir ein Ägypter, der hörte, was ich zu dem Beamten sagte. Er erklärte sich bereit, die drei Pfund für mich zu bezahlen.

Dafür war ich sehr dankbar. Also sprach ich ihn nochmals an und wir gingen gemeinsam mit Ishak und einem Freund des Ägypters in ein Restaurant zum Mittagessen. So wurden wir zu Reisefreunden.

Nach dem Mittagessen kehrten Ishak und ich zur Unterkunft zurück. Wir beteten das Nachmittagsgebet und machten eine kleine Erkundungstour östlich der Herberge. Dort gab es einen auffälligen Wasserspeicher, der von einem kleinen Hügel umsäumt wurde. Wir entspannten uns ein wenig und gingen schließlich wieder zur Herberge. Nach dem Abendgebet schauten wir etwas Fernsehen und gingen dann ins Bett.

Am Morgen des 20. November 2013 machten wir uns fertig zum Aufbruch. Um zehn Uhr gingen wir zum Hafen, um die letzten Vorbereitungen für die Reise zu erledigen. Gegen fünf Uhr abends bestiegen wir das Schiff, welches sich in Richtung Ägypten in Bewegung setzte. Insgesamt waren mehr als 350 Passagiere aus Ägypten und dem Sudan an Bord.

Am 21. November erreichten wir um neun Uhr morgens den Hafen von Assuan in Ägypten.

Es war nicht nur meine erste Schiffsreise in ein anderes Land, es war überhaupt meine erste Reise ins Ausland. Ich war in äußerst guter Stimmung!

Dass das Schiff bis zum Anschlag mit Passagieren besetzt war, änderte daran nichts. Es war so dichtgedrängt, dass sich immer sofort jemand auf den freien Platz setzte, sobald man aufstand. Dann hieß es warten, bis wiederum ein anderer Passagier aufstand, um eine Tasse Kaffee zu trinken oder auf die Toilette zu gehen. Hatte man Glück, ließen einen nette Menschen zwischenzeitlich auf ihrem Platz sitzen oder rutschten etwas, um etwas Platz zu machen.

Der Mechanismus der Platzvergabe auf dem Schiff erinnerte mich an das demokratische Prinzip des friedlichen Machtwechsels. Das heißt, niemand darf ewig sitzen bleiben – ganz im Gegensatz zu den afrikanischen Präsidenten also, denen der folgende Grundsatz egal zu sein scheint: „Du hast das Recht sie zu regieren, aber sie haben auch das Recht, über dich zu richten."

Manchmal gingen wir auch an Deck, aber dort war es so kalt, dass man es nicht länger als 20 Minuten aushielt. Wir gingen also nur nach oben, um ein bisschen Abwechslung vom Innenleben des Schiffes zu bekommen. Von Zeit zu Zeit tranken wir einen Tee im Bordrestaurant. Das war auch eine Möglichkeit, dem Gedränge zu entkommen, einen Sitzplatz zu ergattern und der durch den Zigarettenqualm der vielen Raucher verpesteten Luft zu entfliehen.

Als wir dann nach einer beschwerlichen und anstrengenden Reise am Freitagmorgen im Hafen von Assuan ankamen, war es gegen neun Uhr. Wie bei solchen Reisen üblich, wurden wir bei der Ankunft in Ägypten als Erstes kontrolliert und durchsucht.

Nachdem wir zwei Stunden am Hafen verbracht hatten, fanden wir Reisebusse mit dem Ziel „Ägypten", wie die Menschen ihre Hauptstadt Kairo auch nennen. Ishak und ich kauften genau wie Mohammad, ein Landsmann, den wir im Bus kennenlernten, für 100 Ägyptische Pfund pro Person ein Ticket von Assuan in die Hauptstadt. Um 11 Uhr vormittags setzten wir uns in Richtung Kairo in Bewegung. Merkwürdig war, dass es entlang der Strecke zwar viele Checkpoints gab, aber keiner der dort stationierten Wachposten von Armee und Polizei uns nach unserer Herkunft, unserem Ziel oder unseren Reisepässen fragte.

Dass nicht kontrolliert wurde, lag an den zu dieser Zeit guten Beziehungen zwischen dem Sudan und Ägypten, die sich in der Folgezeit aufgrund des Grenzkonfliktes um das sogenannte Hala'ib Dreieck, das beide Staaten für sich beanspruchen, drastisch verschlechtern sollten. Auch der brutale Umgang der ägyptischen Regierung mit den sudanesischen Bergleuten im Grenzgebiet und der Versuch des Sudans, sich mit der Erhöhung der Visagebühren zu revanchieren, trugen zur Verschlechterung der Beziehungen bei.

Um 22 Uhr hatten wir Kairo immer noch nicht erreicht. Dann ging auch noch der Bus kaputt. Ich erinnere mich nicht mehr genau, was das Problem war, aber wir brauchten mehr als drei Stunden, um es zu lösen. Erst um 4 Uhr morgens konnte der Schaden endlich behoben werden und wir setzten uns wieder in Richtung Kairo in Bewegung, was wir schließlich um 7 Uhr morgens erreichten.

Zu unserem Glück hatte Mohammad einen Verwandten in Kairo, der als Händler im Südsudan tätig war. Schon auf der Fahrt rief Mohammad ihn an. Er holte uns vom Busbahnhof im Zentrum Kairos ab und wir tranken etwas in einem nahegelegenen Café. Danach gingen wir zusammen in ein nicht weit entferntes Hotel im Stadtteil Diqn al-Bascha. Das Hotel lag in der Nähe des Tahrir-Platzes und wir mieteten für insgesamt 100 Pfund pro Tag ein Zimmer für uns drei.

Mohammads Bruder hatte Kontakte zu jemandem, der uns an Schleuser vermitteln konnte. Er rief ihn an und erklärte ihm, er wisse von drei Personen, darunter ein Verwandter, die nach Libyen wollten. Der Mittelsmann versprach, sich mittags mit neuen Informationen zu melden.

Nach zwei Stunden Warten im Hotelzimmer entschieden wir uns, den nahegelegenen Markt zu erkunden. Dieser Markt mit seinen Läden für Tee und Kaffee ist einer der Orte in Kairo, an denen sich viele Ausländer tummeln, insbesondere Sudanesen. Dort trafen wir schließlich auch den Mittelsmann der Schleuser, die die Route zwischen Ägypten und Libyen organisierten. Die Schleuser verlangten von uns 400 US-Dollar pro Person!

Wir versuchten mit Hilfe des Mittelsmanns zu verhandeln. Er fragte uns, wo genau in Libyen wir hinwollten. Als wir ihm sagten, unser Ziel sei Bengasi, senkte er den Preis auf 600 Dollar für Ishak und mich zusammen. Nachdem wir die Summe bezahlt hatten, blieben uns für die gesamte Reise nur noch 100 Dollar zum Leben. Der Mittelsmann wies uns an, unsere Sachen zu packen und uns bereit zu halten, denn schon in wenigen Stunden würden wir nach Libyen aufbrechen.

Wir gingen ins Hotel zurück, um unsere Sachen zu packen. Drei Stunden später, um sechs Uhr abends, holte uns der Mittelsmann mit einem Taxi ab und brachte uns zum Tahrir-Platz, wo der Wagen der Schleuser schon wartete. Eigentlich bot er nur Platz für 14 Personen, wir waren aber 17. Von unserem Standpunkt in der Nähe einer der Hauptverkehrsadern der Stadt fuhren wir zunächst zu einem Restaurant in der Innenstadt und aßen dort zu

Abend. Es sollte das letzte Mal für lange Zeit sein, dass ich etwas Richtiges aß.

Es sollte auch das letzte Mal für lange Zeit sein, dass ich mich frei fühlte. In jenem Restaurant hörte ich auf frei zu sein und wurde in die Welt der Schleuser hinabgezogen – eine Welt voller Erniedrigungen und Angst, die weder Annehmlichkeiten, noch Sicherheit, Mitleid und Erbarmen kennt.

3. Der Weg nach Libyen

Die Begegnung mit den Schleusern war das erste Mal in meinem Leben, dass ich der Macht und Willkür anderer Menschen absolut ausgesetzt war.

Mit 17 Personen in einem Wagen, der eigentlich nur Platz für 14 bot, verließen wir Kairo in Richtung Alexandria, am Steuer ein professioneller Schleuser. Er wies uns an, uns als Touristen auf dem Weg nach Alexandria auszugeben, falls unterwegs irgendwer Fragen stellen sollte. Aber obwohl wir auf der Fahrt an mehreren Kontrollposten der ägyptischen Armee und Polizei vorbeikamen, stellte uns niemand Fragen. Gegen Mitternacht trafen wir auf einen Soldaten, der am Straßenrand stand. Er sprach mit dem Fahrer und verlangte von ihm, ihn an einen Ort zu bringen, der ungefähr eine Autostunde entfernt lag. Zuerst antwortete ihm unser Fahrer, dass das Auto bereits voll sei und er nicht noch eine Person mitnehmen könne. Letztlich lenkte er aber ein, woraufhin wir den Soldaten mitnahmen.

Ich weiß nicht, warum unser Fahrer am Ende einwilligte. Vielleicht hatte er Angst davor, dass der Soldat den überfüllten Wagen melden würde. Vielleicht hatten sie schon einmal miteinander zu tun gehabt oder kannten sich sogar gut, das konnten wir nicht wissen. Vielleicht war das Ganze auch eine Inszenierung für uns gewesen, damit wir nicht auf die Idee kämen, sie würden unter einer Decke stecken. Jedenfalls nahm er den Soldaten mit, obwohl eigentlich kein Platz mehr im Wagen war.

Kurz nachdem wir unsere Fahrt wieder aufgenommen hatten, kamen wir an einen weiteren Kontrollpunkt. Die Stimmung im Wagen war gedrückt, alle hatten Angst. Denn nur der Fahrer und der Soldat waren Ägypter, während wir anderen allesamt aus dem Sudan kamen. Dieses Mal wurden wir am Kontrollpunkt angehalten. Zu unserem Glück trug der Soldat seine Uniform. Drei Wachsoldaten näherten sich unserem Wagen und als sie einen Blick ins Innere warfen, sahen sie die Uniform. Noch bevor sie etwas fragen konnten, sagte der Soldat scherzend zu ihnen: „Die hier stehen alle unter amerikanischem Schutz!“

Es war seine Art, den Wachen zu verstehen zu geben, dass auch er erstens ein Staatsdiener sei und zweitens für uns bürge. Als er seinen Mantel öffnete, zeigte sich, dass er sogar Offizier war! Da er der Ranghöchste unter den anwesenden Soldaten war, salutierten sie ihm und ließen uns ohne weitere Umstände passieren.

Im Nachhinein schätze ich jenen Kontrollposten als sehr gefährlich für die Schleuser ein. Umso sicherer bin ich mir, dass der Offizier eingeweiht war und mit ihnen zusammenarbeitete.

Letztlich konnten wir den Kontrollposten ohne Probleme wieder verlassen. Nur fünf Minuten später und nicht weit vom Kontrollposten entfernt erwartete uns bereits einer der Köpfe der Schleuserbande. Er gehörte zum Stamm der Awlad Ali, die im Grenzgebiet zwischen Ägypten und Libyen leben. Ich habe keine Ahnung, wie der Fahrer mit dem Schleuser kommuniziert hatte. Angerufen hatte er ihn jedenfalls nicht.

Sie befahlen uns, schnell in den Wagen des zweiten Schleusers zu wechseln. Der moderne Toyota Pickup stand direkt vor uns, mitten auf der Straße, die Ladefläche mit einer Plane abgedeckt. Wir beeilten uns, umzusteigen. Offensichtlich wurde der Wagen tagsüber für den Transport von Tieren verwendet, während er nachts dazu diente, Menschen wie uns zu schleusen. Obwohl der Wagen nur Platz für acht Personen bot, wurde wir alle

„aufgeladen" und sofort raste der Fahrer mit uns davon. Kurz darauf verließen wir die reguläre Straße und fuhren auf einem unbefestigten Weg durch die Wüste.

Der Fahrer machte alle Lichter am Wagen aus. Dass die Strecke auch von anderen Autos aus der Gegend benutzt wurde, scherte ihn offensichtlich nicht. Ohne Licht raste er an ihnen vorbei! Zusammengepfercht und in Schockstarre, weil wir mit einem Affenzahn durch die tiefdunkle Nacht jagten, mussten wir vier Stunden lang ausharren. Nach einer schrecklichen Fahrt kamen wir schließlich gegen sechs Uhr morgens in einem kleinen Dorf in der Region Matruh an. Die wenigen Häuser, die es dort gab, lagen alle ungefähr 500 Meter weit auseinander.

Der Schleuser ließ uns an einem halbfertigen Haus aussteigen und befahl uns, vorsichtig und mucksmäuschenstill zu sein. Wer sich erleichtern müsse, sollte das gefälligst möglichst geräuschlos tun. Im Haus gab es weder eine Toilette oder Küche, noch Betten oder Decken, geschweige denn irgendetwas, mit dem man den Boden hätte abdecken können. Es war komplett leer! Nichts weiter als eine Ansammlung von Zimmern. Leere Saftpackungen, teils voller Urin, standen überall herum und es stank erbärmlich.

Nachdem uns der Schleuser abgeladen hatte, ging er in sein Haus, um uns etwas zu essen zu holen. Er kam mit zwei Packungen Brot, ein bisschen Käse, Erdnüssen und ein paar Dosen Thunfisch zurück. In der ersten Nacht waren wir 17 Personen im Haus. Am Abend des zweiten Tages waren es schon 21. Noch in der gleichen Nacht wuchs die Gruppe auf 30 Personen an.

Während des zweiten Tages kam der Schleuser eilig mit einem Stift und einem Block zu uns und fragte, wer sein Geld in Libysche Dinar tauschen wolle. Denn in Libyen, so sagte er, könne man nur mir Libyschen Dinar bezahlen.

Keiner von uns misstraute seinen Worten. Also gaben wir ihm unser Geld. Manche, wie mein Freund Ishak und ich, gaben ihm sogar alles, was sie hatten. Andere gaben ihm nur einen Teil ihres Geldes. Ishak und ich hatten unsere restlichen 100 US-Dollar schon in Kairo in Ägyptische Pfund umgetauscht. Als der Schleuser uns anbot, das Geld in Dinar zu wechseln, gaben wir ihm alles, im Vertrauen darauf, er würde tun, was er versprochen hatte.

Der Schleuser notierte unsere Namen und die erhaltene Summe. Dazu schrieb er den Gegenwert in Libyschen Dinar. 700 Ägyptische Pfund wären damals 140 Dinar für mich und meinen Freund Ishak gewesen. Wir hatten absolutes Vertrauen in sein Versprechen. Er sagte, er würde das Geld noch am selben Tag umtauschen und es uns dann bringen.

Aber er kam nicht, jedenfalls nicht an jenem Tag. Er kam erst am dritten Tag und war wieder sehr in Eile. Er wollte unsere Schuhe sehen und unsere Größe wissen, um uns gegebenenfalls geeignetes Schuhwerk zu besorgen. Ich hatte nur meine normalen, offenen Schuhe dabei, die seiner Ansicht nach für unseren Marsch nicht zu gebrauchen waren. Er fragte nach meiner Schuhgröße. Ich antwortete „42“ und er schrieb die Zahl in sein Heftchen. Nachdem er sich auch die Schuhgrößen der anderen notiert hatte, kam er wenig später tatsächlich mit Wanderschuhen aus Stoff zurück, die vorne eine Plastik- oder Gummikappe hatten.

Noch am selben Tag fuhren gegen vier Uhr nachmittags zwei andere Schleuser mit ihren Autos vor und wiesen uns an, einzusteigen. Zuvor hatten sie uns bereits in zwei Gruppen aufgeteilt. Eines der beiden Autos war der Wagen, der uns schon in der Nähe des ägyptischen Kontrollpostens abgeholt hatte. Im zweiten Wagen saß der Mann, der den Weg aus dem Grenzgebiet Matruh über Sallum nach Libyen kannte.

Wir fuhren auf der Schnellstraße in Richtung des Übergangs Sallum. Während der Fahrt kamen wir an mehreren Posten der ägyptischen Polizei und Armee vorbei. An einem dieser Posten bogen wir an einer Abzweigung nach links ab und fuhren an einem Kreisverkehr vorbei. Kurz darauf passierten wir eine kleine Stadt – ich vermute, es war Sallum. Wir fuhren durch die Stadt hindurch und weiter, bis wir in ein bergiges Gebiet kamen. Gegen 20 Uhr erreichten wir eine Hochebene, über die ein kleiner Pfad führte, der von den Einheimischen und wohl vor allem von den Hirten unter ihnen genutzt wurde. Dort ließen uns die Schleuser aussteigen. Unsere zwei Wagen waren allerdings nur die erste Fuhre. Gleich nachdem sie uns abgeladen hatten, machten sich die Schleuser kommentarlos wieder auf den Weg.

Ungefähr alle fünf Minuten kam ein neues Auto mit weiteren Migranten, so dass unsere Gruppe schnell immer größer wurde. Wir hatten keine Ahnung, wo wir uns befanden und was dort mit uns geschehen sollte. In Grüppchen saßen wir herum, blickten auf die stetig eintreffenden Neuankömmlinge und begrüßten sie. Wir erkundigten uns bei ihnen, ob sie wüssten, wo wir seien. Aber auch sie hatten keinen Schimmer, wie der Ort hieß oder wo er lag.

Die Schleuser brachten immer weitere Gruppen und fuhren jedes Mal gleich wieder los. Keiner von ihnen blieb, um uns Anweisungen zu geben. Keiner sagte uns, wo wir waren oder wie es weitergehen würde.

Wir harrten auf der Ebene aus, bis es Zeit für das „Salat al-Maghrib", das Gebet zum Sonnenuntergang, war. Aufgrund der Umstände mussten wir auf die rituelle Waschung verzichten und beteten das „Maghrib" zusammen mit dem Nachtgebet, dem „Ischa", nachdem wir die Gebetsrichtung eingenommen hatten.

Ich hatte zu diesem Zeitpunkt eigentlich ein sehr gutes Gefühl. Ich trug feste Wanderstiefel, glaubte an meine Fähigkeiten und vertraute meinen gesundheitlichen Kräften. Ich fühlte mich physisch und psychisch gut gerüstet für die Reise ins Unbekannte und hatte keine Angst vor dem Abenteuer. Im Hintergrund schwang aber auch ein ungutes Gefühl mit: Wir hatten immer noch nicht unsere 140 Dinar bekommen, obwohl der Schleuser uns diese versichert hatte.

Nach dem komprimierten und nicht ganz den Vorgaben entsprechenden Gebet war unsere Gruppe bereits auf 350 Männer angewachsen. Die meisten waren Ägypter, danach kamen Sudanesen und Syrer. Die kleinste Gruppe bildeten die Bangladescher. Ishak, Mohammad und ich waren immer noch zusammen.

Plötzlich gaben sich zwei der Wartenden als Schleuser zu erkennen. Die Männer, beide nicht älter als 30, hatten sich bis dahin die ganze Zeit unter uns aufgehalten. Sie versammelten uns um sich und begannen uns durchzuzählen.

Dann ermahnten sie uns: „In diesem Gebiet gibt es Posten der ägyptischen und der libyschen Armee. Die Berge sind übersät mit Leichen von Menschen wie euch!" – Mit Menschen wie uns meinten sie Migranten, die über die Grenze geschleust werden sollten und dabei ums Leben gekommen waren.

Sie befahlen uns, nicht zu rauchen, keine Handys zu benutzen, auf gar keinen Fall Licht zu machen und uns ruhig zu verhalten. Andernfalls würde uns das Schicksal unserer Leidensgenossen erwarten. Mit anderen Worten: Viele wie wir waren bereits gestorben, weil sie auf der Reise durch die Berge Fehler begangen hatten.

Nachdem wir also auf diese schonungslose Weise erfahren hatten, wie wir uns verhalten sollten und was uns andernfalls drohte, brachen wir auf. Es sollte die längste Strecke werden, die ich jemals zu Fuß zurückgelegt hatte! Teils gingen wir aufrecht laufend, teils mussten wir aber auch auf den Knien robben – je nachdem, wie schmal der Weg und wie tief der Abgrund war. Neben dem Pfad ging es teilweise über 30 Meter bergab und um uns herum war absolute Dunkelheit.

Wie Vieh liefen wir zügig in einer langen Reihe auf engen Trampelpfaden. Wir versuchten, bei aller Eile vorsichtig zu sein, um nicht in den Abgrund zu stürzen, oder uns durch ein Stolpern oder einen Sturz schwer zu verletzen. Am meisten hatten wir allerdings Angst davor, von einer Grenzpatrouille festgenommen zu werden. Alle waren sehr darauf bedacht, keinen der Fehler zu machen, vor denen uns die Schleuser gewarnt hatten. Jeder sorgte dafür, dass sein Telefon keinen Mucks von sich gab, und niemand zündete eine Zigarette an. So gut es ging, versuchten wir, Skorpionen, Giftschlangen und Ähnlichem auszuweichen, um nicht gebissen zu werden.

Nachdem wir zwei Stunden auf unwegsamen Pfaden durch die Berge marschiert waren, begleitet von Angst, Durst, Hunger und der Erschöpfung des anstrengenden Aufstiegs, erreichten wir den Stacheldraht, der Libyen von Ägypten trennt. Viele von uns hatten ihre Schuhe schon während des Marsches ausziehen und wegwerfen müssen, weil sie von Felsenkanten aufgeschlitzt worden waren. Manche hatten stark geschwollene Füße, andere konnten gar nicht mehr laufen und so mussten wir sie in den Bergen zurücklassen. Auch diejenigen, die sich während des Marsches verletzt hatten oder psychisch durchgedreht waren, wurden zwischen den Felsen ihrem Schicksal überlassen.

Ich weiß nicht mehr genau, wie viele wir noch waren, als wir es aus den Bergen herausgeschafft hatten, aber es waren wenige. Und vor uns lagen immer noch ungefähr vier Stunden Fußmarsch, also mehr als die Hälfte des Weges.

Dieser Teil der Strecke war sogar noch gefährlicher als der Marsch durch die Berge. Die Grenze zwischen Ägypten und Libyen bestand aus zwei nahe beieinander gelegenen Grenzanlagen. Eine der beiden Anlagen war der Grenzposten des libyschen Zolls am Übergang Sallum. Plötzlich tauchte vor uns ein Militärjeep auf, der aus dem Posten auf unserer linken Seite kam. Der Wagen war nicht mehr als 50 Meter von uns entfernt. Der Schleuser befahl uns, uns flach auf den Bauch zu legen und die Augen zu schließen. So würden sie uns nicht durch die Reflektion des Scheinwerferlichts verraten. Innerhalb weniger Sekunden lagen wir alle flach auf dem Boden. Wir hatten große Angst, dass uns die Soldaten in dem Wagen festnehmen oder zumindest Meldung machen würden. Komischerweise achteten sie nicht auf uns und fuhren an uns vorbei, direkt vor unserer Nase. Ich weiß nicht, ob die Soldaten einfach nur nicht aufgepasst haben, aber ich bezweifle ehrlich gesagt, dass sie uns nicht gesehen haben. Nachdem der Wagen vorbeigefahren war, stand der Schleuser auf und rannte los. Wir folgten ihm eilig.

Noch riskanter war die Überquerung der Schnellstraße, die Ägypten und Libyen verbindet. Bevor wir über die Straße konnten, fuhren mehr als fünf Autos an uns vorbei. Währenddessen lagen wir ungefähr 30 Meter entfernt im Straßengraben und warteten. Wieder schlossen wir die Augen, um nicht das Licht der Scheinwerfer zu reflektieren. Als die Straße dann endlich frei war, überquerten wir sie so schnell wie möglich, an der Spitze die beiden Schleuser. In den folgenden zehn Minuten wechselte unser Tempo zwischen Laufen und Rennen hin und her, bis uns der Schleuser zwischen Sandhügeln anhielt und uns anwies, dort zu warten. Er pirschte sich allein etwas nach vorne und kam nach ungefähr fünf Minuten wieder zu uns zurück.

Ich vermute, er ging in dieser Zeit den Hinterhalt auskundschaften, an dem die Soldaten häufig den Schleusern auflauerten, um sie zu verhaften. Nachdem er zurück war, sagte er, wir sollten ihm möglichst geräuschlos folgen und schlug einen anderen Kurs ein. Erst ging er mit uns ein Stück ostwärts, dann bogen wir nach rechts ab, dann wieder nach links, bis wir schließlich in 500 Metern Entfernung einen weiteren Checkpoint sahen, der mit vielen Scheinwerfern ausgestattet war. Der Schleuser wandte sich zu uns und sagte, dies sei der gefährlichste libysche Kontrollposten. Wir müssten vorsichtig sein und uns mucksmäuschenstill verhalten, denn sollte irgendetwas schiefgehen, würde er davonkommen. Nicht so wir, wir würden dort sterben. Erst in diesem Moment verstanden wir, dass wir bereits in Libyen waren.

Der Schleuser gab uns fünf Minuten zum Verschnaufen. Es wartete jedoch noch der gefährlichste Teil unseres Weges: das Minenfeld! Komischerweise erwähnte keiner der Schleuser, dass es auf dieser Teilstrecke Minen gab. Wir erfuhren es erst von einem unserer Weggefährten, der den Marsch schon einmal hinter sich gebracht hatte. Fünf Minuten später erreichten wir das Minenfeld. Obwohl wir Angst hatten und auf das Schlimmste gefasst waren, vertrauten wir auf Allah und marschierten weiter.

Der Schleuser hielt uns erneut an und sagte: „Ich will, dass ihr alle in einer Reihe hintereinander lauft. Niemand darf aus der Reihe ausscheren!" Also stellten wir uns alle hintereinander auf, als formten wir eine Ameisenstraße. Einer der beiden Schleuser bildete den Abschluss der

Gruppe, während der zweite uns anführte. Wir liefen los, einen Schritt nach dem anderen, immer darauf achtend, unseren Fuß genau dort hinzusetzen, wo der Vordermann aufgetreten war.

Allah sei Dank erreichten wir nach einer Viertelstunde durch das Minenfeld sicheren Boden. Außer den armen, in den Bergen zurückgelassenen Seelen, deren Schicksal wir nicht kannten, gab es glücklicherweise keine weiteren Verluste zu beklagen. Ich weiß nicht, wann diese Minen gelegt wurden. Sie waren jedenfalls alt.

Hinter dem Minenfeld hielt der Schleuser in einem kleinen, sandigen Tal in der Nähe der Region Musaid an. Er verriet uns, dass er der Kopf der Schleuserbande sei. Falls wir einen Bruder oder Bekannten hätten, der nach Libyen wolle, sollten wir seine Mobilnummer notieren und sie ihnen geben, damit sie sich mit ihm in Verbindung setzen könnten.

Einige notierten sich seine Nummer, dann warteten wir eine Weile in jenem Tal. Ich schätze, wir waren an einem Ort, den man als „Übergabepunkt" bezeichnen könnte, denn plötzlich tauchte direkt vor uns eine Gruppe libyscher Menschenhändler auf.

Insgesamt kamen sie mit 15 Landrovern. Sie riefen die Namen der Schleuser, die uns zu dem Gebirge in Ägypten gebracht hatten. Unser Schleuser hieß Ahmad. Er war es, dem wir unser Geld zum Wechseln anvertraut hatten. Jeder Schleuser nahm seine „Ware" entgegen und verschwand mit ihnen in Richtung seines Verstecks.

Unser Mann brachte uns direkt in die Region Musaid im Osten Libyens. Die Fahrt dauerte ungefähr 40 Minuten. Unser Ziel war die gleichnamige Stadt Musaid. Dort angekommen, verfrachtete er uns in einen Raum in seinem Haus, das wir nicht verlassen durften. Es war ein großes Zimmer, allerdings war die Toilette im selben Raum. Außer zwei improvisierten Schlafplätzen gab es nichts, weder Decken noch Betten. Bei unserer Ankunft war in dem Haus eine Gruppe von mindestens 100 Ägyptern und jeden Tag kamen mehr Menschen hinzu. Zu essen gab es nichts, außer einem Stück Brot und ein bisschen Weichkäse morgens und abends.

Wir verbrachten die erste Nacht in diesem Zimmer. Am Morgen kam der Schleuser mit einem Notizblock, in dem alle unsere Namen vermerkt waren. Er rief sie auf und forderte von uns ganz selbstverständlich einen zusätzlichen Betrag zu der Summe, die wir dem anderen Schleuser bereits im Voraus bezahlt hatten.

Er wollte sowohl von mir als auch von Ishak weitere 350 Libysche Dinar, obwohl wir bereits den Schleusern in Ägypten 600 US-Dollar bezahlt hatten. Nicht zu vergessen die 700 Ägyptischen Pfund beziehungsweise 100 Dollar, die wir Ahmad zum Umtauschen gegeben hatten. Jetzt forderte der Schleuser also nochmals 700 Dinar als Lösegeld, zu dieser Zeit waren das ungefähr 600 Dollar!

Das war ein großer Schock für uns, eine böse Überraschung! Woher hätten wir so viel Geld nehmen sollen, um uns freizukaufen? Das war alles, was mich und Ishak beschäftigte. Uns war klar, dass wir tatsächlich in der Falle saßen. Wir befanden uns in einer äußerst brenzligen Lage.

Wir riefen alle unsere Freunde und Bekannten in Libyen an, aber keiner von ihnen hatte das nötige Geld, um uns aus den Fängen des Schleusers freizukaufen. Ishak kannte jedoch glücklicherweise einen einflussreichen sudanesischen Geschäftsmann namens Annour al-Sayuber, der in der libyschen Stadt Bengasi lebte. Wir waren gezwungen, ihn anzurufen.

Annour war einer der großartigsten Menschen, die ich jemals kennenlernen durfte. Geboren in Saraf Omra im Bundesstaat Schamal Darfur (Nord-Dafur), wanderte er zu Beginn der 1990er-Jahre nach Libyen aus. Dort stieg er in den Handel ein und arbeitete sich zu einem der wichtigsten sudanesischen Investoren in Libyen hoch. Annour stimmte ohne zu zögern zu, die Summe an den Schleuser zu bezahlen, sobald er uns nach Bengasi gebracht hätte.

Erst einmal mussten wir jedoch in unserem gefängnisähnlichen Versteck ausharren. Es war eine Qual. Der Raum war sehr feucht und nachts wurde es bitterkalt. Wir bekamen wenig zu essen und zu trinken und die Verhältnisse waren sehr beengt. Zudem schliefen wir nur wenig und wurden trotz der Zusage, die zusätzliche Summe zu bezahlen, vom Schleuser geschlagen. Zudem hörten wir Tag und Nacht Schüsse und Gefechtslärm in der Umgebung.

Ich erinnere mich noch, wie unser Schleuser an einem Tag mit einer Kalaschnikow in der Hand in unser Zimmer stürmte und drohte, das ganze Magazin auf uns abzufeuern, wenn wir nicht absolut still seien. Es gäbe etwas zu feiern für ihn, womit er die Hochzeit eines seiner Söhne meinte. Er wolle keinen Mucks von uns hören und auf keinen Fall gestört werden. Natürlich wagte es danach niemand mehr, auch nur den Mund aufzumachen.

Sein Verhalten ließ sich so interpretieren, dass er Angst davor hatte, es würde Schande über ihn bringen, wenn die Nachbarn oder die Hochzeitsgäste erführen, dass er in seinem Haus Gefangene hielt. Zum Glück passierte jedoch nichts Gravierendes an diesem Tag. Von Zeit zu Zeit kamen allerdings sturzbetrunkene Verwandte oder Komplizen von ihm zu uns ins Zimmer und bedrohten uns mit Messern oder Pistolen, um uns Angst zu machen.

Alle ein bis zwei Tage konnten ein paar von uns das Versteck verlassen. Sie wurden in verschiedene Städte in Libyen gebracht, je nachdem, was das Ziel ihres Weges war. Aber natürlich konnten sie erst gehen, wenn sich die Schleuser absolut sicher waren, dass die Lösegeldsumme bezahlt werden würde, sei es von den Gefangenen selbst oder ihren Bürgen.

Nach zwei langen Wochen rief der Schleuser endlich Ishaks und meinen Namen auf! Auch eine Gruppe Ägypter konnte gehen. Wir wurden in einen Toyota Pickup verfrachtet. Es war ein Zwei-Kabinen-Modell, bei dem die Schleuser die Rücksitze herausgerissen hatten, damit mehr Personen in den Wagen passten. Insgesamt waren wir zu elft im Wagen. Neun von uns mussten sich die „Rücksitze" teilen, während der zehnte auf dem Beifahrersitz platznahm. Der Schleuser wählte dafür einen etwas beleibteren Mann aus unserer Gruppe, der mit seinem Körper die Sicht auf uns verdecken sollte.

Hinten auf der Ladefläche waren weitere Personen verstaut, die sich Seite an Seite nebeneinander hinlegen mussten. Wir nahmen eine Route durch die Wüste. Ungefähr zwei Stunden nachdem wir Musaid verlassen hatten, flog ein Militärflugzeug über unsere Köpfe hinweg. Ich vermute, dass es ein Aufklärungsflugzeug war.

Das Flugzeug machte dem Schleuser eine Höllenangst und er sagte zu uns, wir sollten zu Allah beten, dass wir heil aus dieser Situation herauskommen würden. Er wandte sich uns zu und wies uns an, ihm nachzubeten: „Allah ist groß und nur er allein hat die Macht." Wir taten es ihm nach.

Schließlich kamen wir in ein Gebiet namens Timimi. Der Schleuser brachte uns zu einem Gebäude an der Autobahn. Es bestand aus zwei Räumen, die keine Fenster oder Türen hatten. Es sah so aus, als hätte es während des Arabischen Frühlings beziehungsweise der libyschen Revolution als Unterschlupf für Einheiten der oppositionellen Streitkräfte gedient. Jetzt gab es dort nichts mehr außer den Exkrementen von Schafen.

Wir waren ungefähr um fünf Uhr abends beim Gebäude angekommen. Direkt nachdem die Sonne untergegangen war, bekamen wir Besuch von zwei Jugendlichen ihn ihren Autos. Die jungen Männer, nicht älter als 20, waren unsere Wachen. Sie sollten uns aber nicht wegen der fragilen Sicherheitslage beschützen, sondern aufpassen, dass wir nicht aus unserem Versteck fliehen. Sie verlangten von allen Anwesenden 20 Libysche Dinar oder 100 Ägyptische Pfund für die Übernachtung in den Zimmern. Wir blickten in die Gesichter der Anderen und konnten die Angst und den Schrecken in ihren Augen sehen.

Ishak und ich besaßen nichts mehr. Wir waren die einzigen Sudanesen an diesem Ort, alle anderen waren aus Ägypten. Die zwei Jugendlichen begannen damit, die Ägypter zu durchsuchen. Als sie bei uns angekommen waren, sagten wir ihnen, dass wir kein Geld mehr hätten. Wir erzählten ihnen auch, dass einer der Schleuser 100 Dollar von uns bekommen hatte, die er in Libysche Dinar umtauschen sollte, wir das Geld aber nicht von ihm zurückbekamen. Obwohl sie uns scheinbar glaubten, zwangen sie die Ägypter, für uns zu bezahlen. Schließlich gaben diese den Jugendlichen die 40 Dinar, damit wir bleiben konnten.

Eilig beteten wir die Abendgebete, wieder einmal zusammengefasst, denn die Wachen hatten uns erlaubt, in der Umgebung des Hauses nach etwas zu suchen, mit dem wir den Boden zum Schlafen auslegen könnten. Wir hielten in der Nähe des Gebäudes nach allem Brauchbaren Ausschau und jeder brachte mit, was er auftreiben konnte. Einer der Ägypter hatte ein größeres Stofftuch gefunden, das er beim Schlafen als Unterlage benutzen wollte. Aber als er das Tuch etwas genauer inspizierte, bemerkte er, dass es blutverschmiert war. Voller Entsetzen schrie er laut auf, als ihm klar wurde, was er sah.

Der Ägypter hatte ein Leichentuch gefunden. Zwei Tote waren ganz in der Nähe eines Steinhügels einfach so im Freien abgelegt worden. Ob es vielleicht Migranten wie wir waren, die man nach ihrer Ankunft umgebracht hatte, oder Aufständische, die während der libyschen Revolution ums Leben gekommen waren, weiß ich nicht.

Dann machten sich alle daran, sich ein improvisiertes Lager für die Nacht herzurichten. Die Wachen ließen uns jedoch absurderweise nicht schlafen. Mehrfach schlugen sie uns und übergossen uns mit kaltem Wasser, damit wir aufwachten. Und das, obwohl sie uns anfangs erlaubt hatten, Material für ein provisorisches Schlaflager zu suchen. Obwohl wir alle sehr erschöpft waren, konnte und wollte allerdings sowieso keiner von uns mehr schlafen, nachdem wir die beiden Leichen gesehen hatten.

Gegen zehn Uhr am nächsten Morgen kamen zwei weitere Schleuser mit ihren Autos. Sie nahmen fünf Ägypter mit, nachdem sie sie als Frauen verkleidet hatten. Sie tragen nun über ihren eigenen Sachen eine Abaya, das traditionelle islamische Frauengewand, und einen Niqab-Schleier. In dem Moment lachten Ishak und ich noch über die Aufmachung der Ägypter, aber wie sagt man so schön: „Man soll den Tag nicht vor dem Abend loben."

Am dritten Tag im Versteck waren wir an der Reihe. Ishak, ich und drei der Ägypter wurden in die Stadt Timimi gebracht. Wir machten einen Zwischenstopp bei einer Autowerkstatt. In der dazugehörigen Waschanlage trafen wir auf drei Sudanesen, die dort von den Schleusern bis zu ihrer Weiterfahrt nach Bengasi festgehalten wurden. Wir warteten ungefähr drei Stunden in der Werkstatt, dann kam der Schleuser. Er hatte Niqabs und Abayas für uns dabei, eine davon war mit Stickereien verziert. Er sagte uns, wer das verzierte Gewand trage, müsse vorne sitzen. Die Wachsoldaten sollten ihn für die Frau des Fahrers oder eine seiner weiblichen Verwandten halten. Dann würden sie uns passieren lassen, ohne uns genauer unter die Lupe zu nehmen.

Es ist so eine Sache mit den Libyern: Frauen sind derart „heilig", dass sie es niemals wagen würden, die Identität einer Person zu prüfen, die Frauenkleidung trägt. Wehe allerdings, wenn sie herausbekommen sollten, dass es ein verkleideter Mann ist. Dann Gnade ihm Gott! Ich kann nicht beschreiben, was dann passiert, weil ich keine Worte dafür habe. Es übersteigt die Vorstellungskraft. Aber es ist ja bekannt, wie es ihrem ehemaligen Präsidenten Gaddafi ergangen ist. Ganz sicher schlugen sie immer weiter auf ihn ein, auch nachdem er schon längst tot war.

Der Schleuser gab uns also die Abayas und dann brachen Ishak, ich und zwei der Sudanesen aus der Werkstatt mit ihm auf. Unsere Reise sollte mehr als sieben Stunden dauern. Auf unserem Weg kamen wir an mehreren Checkpoints vorbei, aber, wie ich gerade schrieb, sind die Frauen in Libyen „heilig". Sie nehmen einen „speziellen Platz" ein. Jedoch nicht aus echtem Respekt ihnen gegenüber, sondern weil sich die libyschen Männer gegenseitig nicht über den Weg trauen!

Die Wachposten an den Checkpoints schienen tatsächlich zu denken, dass im Inneren des Wagens Frauen saßen. Niemand überprüfte uns und an den Checkpoints sprach nur unser Fahrer, der Schleuser. Wenn die Wachposten uns anhielten, fragten sie lediglich, woher wir kämen und was unser Reiseziel sei. Weil wir als Frauen verkleidet waren, schauten sie uns dabei nicht an. Insgesamt waren es um die sieben Checkpoints, die wir passieren mussten, bevor wir schließlich in der Region al-Merdj ankamen.

Noch während der Fahrt, ein paar Minuten bevor wir am Versteck des Schleusers in al-Merdj ankamen, erlaubte er uns, die Verkleidung abzulegen. Mir fiel ein riesiger Stein vom Herzen. Immerhin waren wir zwei große Risiken eingegangen; zum einen wegen der Verkleidung als Frauen und zum anderen weil wir illegal durch Libyen geschleust wurden. Nachdem wir uns der Frauengarderobe entledigt hatten, fühlten wir uns etwas besser. Die Situation schien nun nicht mehr ganz so bedrohlich.

Der Fahrer rief einen anderen Schleuser an, der bereits auf unsere Ankunft gewartet hatte. Per Telefon führte er uns zu einem der Orte, an dem sie ihre „Schmuggelware" – also Menschen wie uns – zwischenlagerten. Es war eine große Farm mit sudanesischen Arbeitern, umgeben von landwirtschaftlich genutzten Flächen.

Wir verbrachten zwei Tage bei den sudanesischen Arbeitern. Es war für mich die schönste Zeit auf der Schleuserroute, auch weil unsere Landsleute für uns das sudanesische Nationalgericht „Asida" zubereiteten. Diese einfache Mehlspeise gehört seit jeher zu meinen Lieblingsgerichten. Die Arbeiter auf der Farm waren tatsächlich die ersten freien Sudanesen, die ich in Libyen traf.

Mit frei meine ich, dass sie nicht unter dem „Schutz" der Schleuser standen. Zumindest nicht mehr, denn als sie in Libyen ankamen, waren auch sie zuerst noch in deren Gewalt gewesen. Nach einer gewissen Zeit erhielten sie jedoch ihre Freiheit zurück und diesen Unterschied zwischen uns hätte jeder Außenstehende bemerkt. Bis heute kommen mir die Tränen, wenn ich an diese Momente zurückdenke.

Am dritten Tag wurden wir in ein anderes Versteck gebracht. Es lag auf einem der Höfe in der Umgebung der großen Farm. In unserem neuen Versteck befand sich bereits eine Gruppe von Männern aus Bangladesch und Ägypten.

Die Schleuser überprüften noch einmal, wer von uns schon bezahlt hatte und wer nicht, und wie die Bezahlung abgewickelt werden würde, sofern sie noch ausstand. Wir mussten nochmals unseren Bürgen Annour al-Sayuber anrufen. Er versicherte den Schleusern erneut, dass er das Geld zahlen würde, sobald wir in Bengasi angekommen wären. Nachdem sich der Schleuser also absolut sicher war, dass er das Geld erhalten würde, holte er sein Auto und fuhr mit uns los. Im Wagen waren drei Sudanesen und ein Ägypter, Ishak und ich mit eingerechnet. Der dritte Sudanese hatte allerdings keinen Reisepass dabei. Das bedeutete möglicherweise zusätzliche Komplikationen und machte die Kontrollen an den Checkpoints noch gefährlicher. Zu unserem Glück hatte der Schleuser gute Beziehungen zum Wachpersonal an den Kontrollposten. Wie er uns erzählte, hatte er als Soldat schon selbst an den meisten dieser Checkpoints gearbeitet.

Nach zwei Stunden Fahrt kamen wir am ersten Checkpoint an. Wir wurden zwar angehalten, aber der Schleuser kannte einen der Soldaten und wir konnten ohne Umstände passieren. So hatten wir ohne Probleme den gefährlichsten Checkpoint auf dem Weg nach Bengasi hinter uns gebracht.

Ungefähr um sechs Uhr abends kamen wir in Bengasi an. Annour al-Sayuber wartete bereits in seinem Haus auf unsere Ankunft. Als der Schleuser ihn anrief, kam er sofort mit seinem Auto zu uns gefahren. Er hatte die vereinbarten 700 Dinar dabei und übergab sie dem Schleuser. Erst dann erlaubte dieser uns, aus seinem Wagen auszusteigen. Wir stiegen in Annours Auto um, und er fuhr uns zu seinem prächtigen Anwesen im Zentrum der Stadt. Endlich waren wir der Welt der Schleuser entkommen und wieder frei.

Dank der Hilfe Allahs und der Unterstützung Annours hatten wir unser Martyrium schließlich überstanden. Ein Gefühl von Sicherheit, Freiheit und großem Glück durchströmte uns. Endlich waren wir wieder in der Welt der Freiheit angekommen, die wir uns jeden Tag so herbeigesehnt hatten.

Allah sei Dank. Annour war so gastfreundlich, wie es nur möglich ist. Er versorgte uns mit Essen und Trinken und besorgte sogar frisches Obst und Gemüse. Nachdem wir bereits eine Woche bei ihm gewohnt hatten, holte er uns mit seinem Auto ab, um mit uns ein paar Besorgungen zu machen. Zuerst fuhr er uns zu seinem eigenen Laden und stellte uns seine Angestellten vor. Von dort aus brachte er uns zum Kleidungsgeschäft seines Nachbarn auf dem Markt. Er deutete an, wir sollten uns mit allem eindecken, was wir bräuchten, egal was! Jeder von uns suchte sich ein Hemd, eine Hose, Schuhe und eine warme Jacke aus.

Vom Laden seines Nachbarn fuhren wir wieder zurück zum Haus von Annour. Nach zehn Tagen als Gäste Annours sagten wir ihm, dass wir in das Haus umziehen würden, in dem Ishak früher gewohnt hatte. Wir dankten ihm für seine außerordentliche Gastfreundschaft und seine Großzügigkeit. Annour brachte uns noch mit seinem Auto zur ehemaligen Unterkunft Ishaks. Ishak hatte dort gewohnt, bevor der Arabische Frühling ausgebrochen war. Wir schlossen uns den mehr als 50 Menschen aus dem Sudan an, die jetzt dort lebten.

Annour al-Sayuber wurde im September 2017 ermordet, nachdem er bereits 2016 mehrere Male von Milizen entführt worden war. Bei der letzten Entführung folterten seine Peiniger ihn, bis er starb. Anschließend entsorgten sie seine Leiche in der Nähe seines Hauses, das sie bis auf die Grundmauern abbrannten.

4. Bengasi: Tage des Grauens

Ishak und ich kamen am 5. Dezember 2013 in Bengasi an. Dort lebte ich in Schebnah, einem der Viertel, in denen die Sicherheitslage vergleichsweise gut war. In Bengasi war ich zum ersten Mal in Libyen ein freier Mensch. Als Neuling in der Stadt war es jedoch nicht leicht, Arbeit zu finden. Zudem hatte ich keine bestimmte Ausbildung und konnte keine spezielle Berufserfahrung vorweisen. Das machte es zusätzlich schwierig, Arbeit zu bekommen.

Glücklicherweise hatte aber mein Freund Ishak bereits zu Zeiten Muammar al-Gaddafis in Libyen gelebt. Er kannte viele Menschen, ganz besonders unter den Sudanesen und Sudanesinnen, die schon länger in Libyen lebten. Da er schon vor der Revolution in Libyen gearbeitet hatte, kannte er sich gut in der Stadt aus, wusste über die Märkte Bescheid und war bestens vernetzt.

Meine Suche nach Arbeit in Bengasi begann mit der sogenannten „Saha". In ganz Libyen gibt es solche Plätze und Kreuzungen, an denen sich Tagelöhner auf der Suche nach Jobs versammeln. Wer Jobs zu vergeben hat und Arbeiter braucht, kommt zu einer „Saha" und sucht sich diejenigen aus, die ihm für den Auftrag passend erscheinen.

Manchmal entscheiden die Arbeiter untereinander, wer von ihnen den Auftrag übernimmt. In solchen Fällen erklären die potenziellen Arbeitgeber, was für eine Art der Arbeit erledigt werden muss und wie viele Personen sie dafür brauchen oder wollen. Dann machen die Arbeiter unter sich aus, wer den Job übernimmt – je nachdem, um was es geht und wie gefährlich der Auftrag ist.

Arbeit anzunehmen, war jedes Mal aufs Neue ein Abenteuer und Risiko. Wir mussten uns nach Möglichkeit sehr genau über den Auftrag informieren: Wie gefährlich war die Tätigkeit? Wie weit lag die Arbeitsstelle entfernt? Wie viele Checkpoints müssten wir passieren, um dort hinzukommen, und wieviel und wann würde der Auftraggeber zahlen? Wir wussten im Voraus weder genau, was passieren würde, wenn wir mitgingen, noch was geschehen würde, wenn wir nicht mitgingen, denn auch eine Arbeit nicht anzunehmen, konnte unangenehme Folgen haben! Würde er uns mit einer Waffe attackieren? Uns bedrohen oder ausrauben, falls wir mit ihm gingen?

Wir mussten so gut es ging herausfinden, ob der Auftraggeber unlautere Absichten hegte. War er ein Krimineller und Betrüger, oder konnte man ihm vertrauen? All diese Überlegungen stellten sich jedes Mal aufs Neue, wenn ein potenzieller Auftraggeber zur „Saha" kam und Arbeiter suchte, die für ihn einen Job erledigen sollten.

Wir gingen jeden Morgen zur „Saha", warteten und kehrten dann ohne Arbeit nach Hause zurück, weil es entweder keine Aufträge gab oder die potenziellen Auftraggeber nicht vertrauenswürdig waren. Da wir neu in der Stadt waren, lief es jeden Tag so, was dazu führte, dass sich unsere Lage zusehends verschlechterte.

Auch der Aufenthalt auf der „Saha" wurde mit der Zeit immer gefährlicher für uns. Immer wieder passierte es, dass insbesondere Jugendliche, die Drogen nahmen und Alkohol tranken, mit Gewehren auf uns zielten und uns bedrohten, wenn wir auf der Suche nach Arbeit zur „Saha" kamen. Manchmal zwangen sie einen oder mehrere von uns, den ganzen Tag zu arbeiten, ohne dafür auch nur einen Cent zu bezahlen. Erst nachdem die Arbeit erledigt war, ließen sie die Arbeiter irgendwo wieder frei. Andere wirbelten mit ihren Autos Staub vor uns auf und jagten uns dann vor sich her.

Eines Tages wurden ganz in der Nähe von uns zwei Sudanesen von einem Auto auf der „Saha“ erfasst und getötet, als der Fahrer beim Versuch zu „driften“, also den Wagen zu übersteuern und auf zwei Rädern zu fahren, die Kontrolle über seinen Wagen verlor.

Wenn wir an der „Saha“ auf Arbeit warteten, kamen regelmäßig zwei oder drei Männer, die mit vorgehaltener Waffe wahllos ein paar von uns jagten, einfingen und verschleppten. Dann brachten sie ihre Opfer an einen unbekannten Ort und verlangten Lösegeld für ihre Freilassung. Sie hielten sie in irgendeinem Versteck fest und folterten sie brutal. Die Entführten mussten von dort aus ihre Freunde oder ihre Familie anrufen, um sie dazu zu bringen, so schnell wie möglich das Lösegeld zu zahlen. Die Entführer drohten damit, die Geiseln andernfalls zu töten.

Ein anderes Mal stand ich auf der „Saha“ ganz in der Nähe eines Ägypters, als ein Libyer mit seiner Frau im Auto an uns vorbeifuhr und zu uns hinüberschaute. 50 Meter weiter hielt er seinen Wagen an. Wutentbrannt rannte er auf uns zu und begann, brutal auf den Ägypter einzuschlagen. Dabei schrie er ihn an, wie er es wagen könne, seine Frau anzuschauen!

Er verprügelte ihn auf offener Straße, vor den Augen der Passanten. Dem hilflosen Ägypter blieb nichts anderes übrig, als die Flucht zu ergreifen. Alle anderen taten es ihm nach. Wir waren zu diesem Zeitpunkt mehr als 200 Tagelöhner auf der „Saha“.

Der Libyer nahm den Vorfall zum Anlass, in den folgenden zwei Wochen jeden Morgen zur „Saha“ zu kommen, um uns mit seinem Auto zu jagen. Manchmal bewarf er uns auch mit Steinen oder schlug mit einer Peitsche nach uns. Dabei suchte er immer nach dem bemitleidenswerten Ägypter. Der verschwand allerdings nach der Attacke und kam nie wieder zur „Saha“.

Irgendwann mischte sich dann ein libyscher Taxifahrer ein, der mit seinem Wagen immer ganz in der Nähe des Platzes stand und auf Kundschaft wartete. Er hielt den anderen Libyer davon ab, uns weiter zu verfolgen und zu jagen und warnte ihn davor, es jemals wieder zu tun. Mit lauter, vor Wut bebender Stimme schrie er ihn im libyschen Dialekt an „Was soll das hier? Was tust du? Jeden Tag jagst und verprügelst du die armen Kerle hier! Sie versuchen doch nur, irgendwie über die Runden zu kommen, nichts weiter! Hau ab von hier, wir wollen dich hier nicht mehr sehen!" Der Libyer bekam Angst und machte sich mit gesenktem Haupt aus dem Staub. Danach kam er nie wieder.

Wir gingen jeden Morgen um acht Uhr zur Sammelstelle und warteten bis ein Uhr mittags. Zwei Monate lang kam es häufig vor, dass niemand einen Auftrag für uns hatte. Unsere Lage war katastrophal, wir besaßen keinen einzigen Cent mehr, um uns etwas zu essen oder zu trinken zu kaufen. Wir waren voll und ganz auf die Unterstützung unserer Mitbewohner angewiesen, die uns mit Essen und Trinken versorgten. So eine Gastfreundschaft und Hilfsbereitschaft ist heutzutage selten geworden und als Sudanese bin ich stolz darauf.

Es zeichnet uns Sudanesen und Sudanesinnen aus, dass wir, egal ob in der Heimat oder im Ausland, ein gastfreundliches, umgängliches und geselliges Völkchen sind. Das ist Teil unserer muslimischen Identität. Auch wenn die Sudanesinnen und Sudanesen ganz besonders für diese Eigenschaften bekannt sind, soll natürlich nicht unerwähnt bleiben, dass es diese Art der Menschen überall auf der Welt gibt. Dafür bin ich dankbar!

Zwei Monate lang gingen wir morgens zur „Saha", nur um nachmittags ohne Arbeit und Geld zurückzukommen. Dann kam eines Tages ein Libyer aus Bengasi zur „Saha". Er hatte eine Wagenladung Sand und wir sollten ihm helfen, ihn in den dritten Stock seines Hauses hoch zu schleppen. Ishak, ich und Abaker, ein sudanesischer Bekannter von uns, sowie zwei weitere Landsleute nahmen den Auftrag an und zu fünft fuhren wir mit dem Libyer los.

Sand zu schleppen gehörte zu den beschwerlichsten und anstrengendsten Jobs, die man in Libyen bekommen konnte. Unter anderem, weil die Transportmethode primitiver nicht hätte sein können. Zuerst schaufelten wir den Sand in Säcke. Dann hoben ihn zwei Personen auf den Kopf oder die Schulter einer dritten Person, die den Sand dann die Treppen hochschleppte und oben ausleerte. So wiederholte es sich immer und immer wieder. Für mich war es das erste Mal überhaupt, dass ich derart körperlich arbeiten musste. Ich war fix und fertig.

Jeder dieser Säcke wog ungefähr 100 Kilogramm, natürlich eine große Belastung für unsere Rücken. Insgesamt brauchten wir zwei ganze Tage, um den Sand in den dritten Stock zu transportieren. Als wir fertig waren, wurden wir mit nur 35 Dinar pro Mann für die ganze Arbeit abgespeist.

Nach ungefähr drei Monaten ohne Arbeit und Einkommen, die wir dank der Unterstützung durch unsere Freunde und Bekannten überstanden, saß ich wie üblich auf der „Saha", die zu Fuß ungefähr eine Viertelstunde von unserer Wohnung entfernt lag. Ein jüngerer Syrer hielt mit seinem Auto neben mir und meinem Bekannten an. Er führte Renovierungsarbeiten durch und suchte nach zwei Männern, die auf Tagesbasis für ihn arbeiten könnten. Der Syrer war mit 30 Dinar pro Tag als Bezahlung einverstanden.

Nachdem wir uns geeinigt hatten, fuhren wir mit ihm zu unserem ersten Auftrag. Die Wohnung lag circa 25 Minuten von der „Saha“ entfernt und unsere Aufgabe bestand darin, die Wände abzuschmirgeln. Nach verrichteter Arbeit bot er mir an, tags darauf wieder mit ihm zu kommen. Zu meiner großen Freude wollte er mir beibringen, was man für diese Arbeit wissen musste. Dann brachte der junge Syrer uns nach Hause und zahlte jedem von uns die vereinbarten 30 Dinar.

Am nächsten Tag wartete ich ab acht Uhr morgens an der „Saha“ auf ihn. Gegen zehn Uhr kam er dann und holte mich zur Arbeit ab. Aber er bezahlte mich nicht, nachdem wir unsere Arbeit getan hatten. Stattdessen sagte er, tags darauf gäbe es einen weiteren Auftrag und ich könnte wieder dabei sein. Also wartete ich erneut am üblichen Platz auf ihn, doch er kam nicht. Über einen Monat hörte ich nichts von dem jungen Syrer und wenn ich versuchte ihn anzurufen, war sein Handy immer aus.

Irgendwann rief er mich dann doch an und sagte, er hätte am nächsten Tag einen Job für mich. Ich lehnte ab und entgegnete ihm, dass er seine Versprechen nicht gehalten habe. Er schulde mir immer noch 30 Dinar. Ich erinnerte ihn daran, dass er mir bereits einmal Arbeit versprochen hatte und sich dann einen Monat lang nicht blicken ließ. Ich erklärte ihm, ich wolle, was mir zustehe, aber zusammenarbeiten würde ich nicht mehr mit ihm. Er bat mich um Verzeihung. Ich solle nochmal für ihn arbeiten, er werde mich sofort bezahlen, wenn der Job erledigt sei.

Schlussendlich stimmte ich doch zu, schließlich gab es insgesamt nicht gerade viele Jobs für mich. Ungefähr eine halbe Stunde bevor wir mit der Arbeit für den Tag fertig waren, ging der junge Syrer jedoch weg und ließ mich allein zurück. Ich wartete ungefähr eine Stunde vergebens auf ihn, er kam nicht mehr. Also nahm ich mir ein Taxi und fuhr nach Hause. Ich sah ihn danach nie wieder.

Die Arbeit als Sanierer hatte sich allerdings in meinem Kopf festgesetzt. In der kurzen Zeit habe ich bei der Arbeit mit dem jungen Syrer viel mitgenommen und mir viele Dinge genau eingeprägt, mit der Absicht diesen Beruf zu lernen.

Es war mein erstes berufliches Abenteuer und obwohl er mir nach wie vor Geld schuldet, bin ich bis heute froh, dass ich ihn getroffen habe. Ich bin dankbar, dass er mir etwas über diese Arbeit beigebracht hat, die für mich zum Schlüssel wurde, um auf dem Arbeitsmarkt in Libyen Fuß zu fassen. Ich danke Allah dafür, dass er mir geholfen hat, diese Arbeit zu finden, und ich danke ihm dafür, dass der Syrer mir beigebracht hat, wie man sie richtig macht.

Eines Tages war ich mal wieder mit Ishak auf der „Saha", als er von einem Libyer einen Job bekam. Auf dem Weg zur Arbeit wurde er jedoch an einem Checkpoint festgenommen. Als er nicht wiederkam, wusste ich nicht, was ich tun sollte. Ich hatte keine Ahnung, wo er hingegangen war. Er rief nicht an und ich wusste nicht, was mit ihm geschehen war, ob es ihm gut ging und ob er überhaupt noch am Leben war.

Die Tage der Ungewissheit waren sehr schwer für mich. Ishak war mein bester Freund, mein engster Gefährte und ich dachte, ich hätte ihn für immer verloren.

Nach einer Woche rief er endlich an. Er war am Leben und wohlauf, befand sich allerdings in Ganfuda, in einem der größten und berüchtigtsten Gefängnisse Bengasis, weil er angeblich keine gültigen Papiere bei sich gehabt hatte. Ishak blieb noch anderthalb Monate in Haft, bevor er freigelassen wurde und in unsere Wohnung zurückkehren konnte.

Nur ein paar Tage später, Ishak und ich waren wie immer auf der „Saha" und suchten nach Arbeit, sprach ein junger Libyer unsere Gruppe an. Er war auf der Suche nach einem Klempner mit Erfahrung. Ishak meldete sich sofort. Er hatte dieses Handwerk gelernt und beherrschte es gut. Bereits vor der libyschen Revolution hatte er bei einer libyschen Firma als Installateur gearbeitet.

Ishak entschied sich, mit dem Libyer mitzugehen. Allerdings hatte er nicht die notwendigen, relativ teuren Werkzeuge. Um sie uns zu beschaffen, hatten wir nicht das nötige Geld. Ishak hatte sich jedoch im Gefängnis mit Mohammad aus dem Tschad angefreundet. Er arbeitete ebenfalls als Klempner. Ishak rief ihn an und erklärte, dass er von einem Libyer einen Auftrag als Klempner bekommen könne, aber nicht die notwendige Ausrüstung habe, um ihn zu übernehmen. Also fragte Ishak ihn, ob er nicht dazu stoßen und die notwendige Ausrüstung beisteuern wolle. Mohammad war sofort einverstanden und wollte direkt zur „Saha“ kommen.

In der Zwischenzeit hatte der Libyer Ishak erklärt, dass er nur Arbeiter nehmen würde, die einen Pass hätten. Er rechtfertigte das damit, dass es auf dem Weg erstens Checkpoints gäbe und zweitens die generelle Sicherheitslage instabil wäre. Die Fahrt sei daher ohne Pass vielleicht zu riskant. Ich saß zu diesem Zeitpunkt auf der anderen Seite der „Saha“. Als Ishak zu mir herübergelaufen kam und mir erzählte, dass der Libyer nur Arbeiter mit Pass wolle, beschlich mich ein ungutes Gefühl. Ich sagte Ishak, dass ich nicht mitkommen würde. Er solle sich ebenfalls gut überlegen, ob er wirklich mit einem Fremden mitgehen wolle, der nach seinem Ausweis fragt. Wenn er nur ein ehrliches Interesse an seiner Arbeit hätte, würde er sich nicht für seinen Ausweis interessieren, fuhr ich fort und schob nach, dass er vermutlich Böses im Schilde führe. Doch Ishak wollte den Libyer nicht enttäuschen und sagte ihm zu.

Zu dieser Zeit ließen wir unsere Pässe generell zu Hause, weil wir Angst hatten, dass wir sie verlieren könnten oder sie uns gestohlen würden. Ishaks Pass war obendrein nach seiner Verhaftung eingezogen worden und er hatte ihn zu diesem Zeitpunkt noch nicht zurückbekommen. Also teilten wir dem Libyer offen mit, dass wir beide keine Pässe dabei hatten, denn meiner war in unserer Wohnung und Ishaks lag noch bei der Polizei. Er war dennoch einverstanden, uns mitzunehmen und sagte, er würde die Verantwortung übernehmen, falls wir an einem Checkpoint nach den Ausweisen gefragt werden würden.

Eigentlich wollten wir noch auf Mohammad und die Ausrüstung warten, aber der Libyer schien etwas gelangweilt von der Warterei. Er schlug Ishak vor, er könne zusammen mit mir schon mal ein paar Putzarbeiten bei ihm zu Hause erledigen. Wenn er ein Auto hätte, wäre es ja kein Problem für Mohammad, dort vorbeizukommen und uns abzuholen.

Ishak stimmte zu und kam noch einmal auf die andere Seite des Platzes, wo ich saß und die beiden beobachtete. Er erzählte mir, was der Libyer gesagt hatte. Er fand, wir könnten ruhig zusammen die Putzarbeiten machen, bis Mohammad mit der Klempnerausrüstung kommen würde. Ich schaute in den Himmel und dachte nochmal einen Moment nach. Ich rief mir die Worte des Koran in Erinnerung: „Wer auf Allah vertraut, dem genügt Er." Denn: „Uns wird nichts passieren, was nicht von Allah vorbestimmt ist." Schließlich sagte ich zu meinem Freund, dass schon nichts passieren würde, wenn wir mit dem Libyer gingen.

Wir stiegen in den nagelneuen schwarzen Hyundai Sonata des Libyers ein, ich hinten und Ishak vorne neben dem Fahrer. Wir fuhren Richtung Osten. Nachdem wir bereits fünf Minuten gefahren waren, traf mein Blick die Füße des Fahrers. Er fuhr barfuß!

Kurze darauf schrieb er auf seinem Handy eine Nachricht. Einen Teil des Textes konnte ich lesen, er schrieb: „Ich bin auf dem Weg zu euch und bei mir sind ...". Ich ging im Kopf durch, wie man das wohl interpretieren könnte.

Der Fahrer zog eine Zigarette aus der Tasche, brach sie entzwei, zündete die eine Hälfte an und warf die andere aus dem Fenster. Der Mann wurde mir immer suspekter, ich spürte, dass man ihm nicht trauen konnte. Offensichtlich nahm er Drogen und trank Alkohol. Wir hätten seinen Auftrag nicht annehmen sollen. Ich musste einen Weg aus dem Wagen finden. Ich rang mit mir und überlegte, wie ich wohl aus dieser Situation entkommen könnte. Ich grübelte und versuchte eine schnelle Entscheidung zu treffen, aber es war schon zu spät. In diesem Moment erreichten wir eines der berüchtigtsten Viertel Bengasis: al-Masakin. Al-Masakin gehört zu den unter Muammar al-Gaddafi gebauten Wohnvierteln, die in Folge der Revolution vor die Hunde gegangen sind. Es hatte sich zu einer von Kriminalität geprägten Gegend entwickelt, die von Banden und der Drogenmafia beherrscht wurde.

Als wir die Grenze zum Viertel überquerten, rief der Libyer seine Freunde an und fragte sie, ob sie die Nachricht gelesen hätten. In diesem Moment wurde mir klar, dass unser vermeintlicher Job an diesem Tag kein gutes Ende nehmen würde. Der Libyer hatte uns in eine Falle gelockt. Ich spürte, dass es ein schwarzer Tag für uns werden sollte, den wir vermutlich nicht unbeschadet überstehen würden.

Mein Herz schlug schneller und schneller. Ich sagte mir, dass ich so schnell wie möglich aus diesem Auto rauskommen müsse, ganz egal wie. Aber schon weniger als zwei Minuten nach dem Anruf bei seinen Freunden waren wir plötzlich von drei Libyern mit Schusswaffen und Messern umzingelt.

Der Fahrer hielt den Wagen mitten auf der Straße an und zwei von ihnen stiegen bei uns ein. Einer setzte sich links neben mich, lud seine Waffe durch und legte sie auf meinen Unterarm. Der zweite stieg rechts von mir ein, zog sein Messer und legte es Ishak, der vorne neben dem Fahrer saß, von hinten an die Kehle. Der dritte Mann folgte uns in seinem Auto.

Der Fahrer fuhr wieder los. Kurze Zeit später klingelte Ishaks Telefon. Mohammad der Klempner versuchte uns zu erreichen, vermutlich um herauszukriegen, wo wir waren und wie er zu uns kommen konnte. Aber der Libyer, dessen Waffe auf meinem linken Unterarm lag, hielt ihn davon ab ranzugehen. Er befahl Ishak, ihm sein Telefon zu geben und riss es ihm aus der Hand. Dann durchsuchten sie uns. Außer unseren Handys und vier Dinar, die eigentlich für das Frühstück gedacht waren, fanden sie aber nichts. Sie nahmen mir ebenfalls mein Telefon weg und behielten die vier Dinar. Überrascht stellten sie fest, dass wir unsere Pässe nicht dabei hatten.

Sie drohten damit, uns umzubringen, wenn wir sie ihnen nicht aushändigten. Der Fahrer konnte ihnen jedoch klarmachen, dass wir tatsächlich ohne Pass unterwegs waren und er uns nur mitgenommen hatte, weil er keine anderen Opfer gefunden hatte. Diese Libyer waren Kriminelle, die ein Geschäft daraus gemacht hatten, Migranten zu entführen und Lösegeld zu fordern.

Was uns geschah, überraschte mich nicht sonderlich. Trotz der Drohungen hatte ich keine Angst. Was mich aber schockte, waren die Passanten auf der Straße, die einfach zuschauten, während wir vor ihren Augen von ihren Landsleuten bedroht und verschleppt wurden. Es interessierte sie nicht, was mit uns passierte. Keiner rührte sich, niemand kam uns zur Hilfe. Das enttäuschte mich zutiefst.

Darüber hinaus schockte mich die Hinterhältigkeit, mit der uns der Libyer auf der „Saha“ in die Falle gelockt hatte.

Nach zehn Minuten Fahrt erreichten wir eine große Freifläche direkt neben einer Schnellstraße. Die Straße war wie leergefegt, weit und breit war kein Mensch zu sehen. Die drei Männer schmissen uns aus dem Auto und stiegen aus. Dann richteten sie ihre Waffen auf unsere Köpfe und befahlen uns, hinzuknien. Mit den Händen hinter dem Kopf taten wir, wie uns geheißen wurde. Leise rezitierten wir die „Schahada“, das islamische Glaubensbekenntnis, und machten uns bereit, zu sterben.

Wir waren absolut sicher, dass sie uns erschießen würden. Doch plötzlich bemerkten sie ein Auto, dass auf der Straße auftauchte. Sie ließen von uns ab, stiegen in ihre Wagen und rasten davon. Ishak und ich schauten uns ungläubig an. Wir konnten nicht fassen, was gerade geschehen war. Es fühlte sich irreal an, als hätten wir uns alles nur in unseren Köpfen eingebildet.

Wir rappelten uns auf und überquerten die Schnellstraße. Nachdem wir kurz gewartet hatten, kam ein Taxi vorbei. Wir hielten es an und erklärten dem Fahrer, dass wir gerade ausgeraubt und entführt worden waren und kein Geld mehr dabei hatten. Wir baten ihn, uns zur „Saha“ zu bringen. Er willigte ein, allerdings nur, wenn wir ihm drei Dinar zahlen würden. Um keine Zeit zu verlieren, gingen wir darauf ein. Er brachte uns zur „Saha“, wo wir uns von unseren Bekannten drei Dinar liehen und den Taxifahrer bezahlten.

Von der „Saha“ gingen wir direkt nach Hause. Eigentlich hätten wir uns vom Taxi gerne direkt nach Hause fahren lassen, wollten aber nicht, dass der Taxifahrer unsere Adresse kannte. Wir hatten ganz einfach Angst, dass auch er uns überfällt – wie so viele andere Libyer.

Nach der Entführung trauten wir keinem Libyer mehr über den Weg, der zur „Saha“ kam, um uns Aufträge zu geben. Logischerweise wurde es für mich dadurch schwierig, in Bengasi Arbeit zu finden und Geld zu verdienen. Das machte mein Leben in Bengasi noch komplizierter, als es ohnehin schon war.

Mit jedem Tag nahm die Angst zu. Ich fühlte mich nicht sicher und war ständig in Habachtstellung. Auf der Straße, auf dem Weg zur Arbeit und sogar zu Hause. Immer hatte ich Angst überfallen und ausgeraubt, entführt oder sogar getötet zu werden.

Es ging nicht nur mir so. Mein ganzes Umfeld in Bengasi war zu dieser Zeit in Panik. Auch heute noch, während ich diese Zeilen schreibe, wird es Menschen in der Stadt geben, denen es ähnlich ergeht wie mir damals.

Die Zeit, in der ich in Bengasi lebte, war eine der schwersten Phasen, die die Stadt in der jüngeren Vergangenheit durchstehen musste. Es war eine düstere Zeit, ständig geschahen Morde, insbesondere an libyschen Beamten und Militärs.

Jeden Tag hörten wir Explosionen und Kampflärm von Zusammenstößen zwischen verschiedenen bewaffneten Gruppen. Immer wieder wurden hochrangige Persönlichkeiten liquidiert. Oft waren es Offiziere, manchmal sogar die Imame der Moscheen. In der Folge scharte General Khalifa Haftar eine eigene Armee um sich und startete die berüchtigte „Operation al-Karama“ in Bengasi und Tripolis. Nachdem man uns ausgeraubt hatte, unser Leben bedroht worden war und wir in Bengasi in ständiger Angst leben mussten, hielt ich es nur noch einen Monat in der Stadt aus. Ende April 2014 verließ ich Bengasi in Richtung Ben Dschawad.

5. Von Bengasi nach Ben Dschawad

In die Falle gelockt und mit vorgehaltener Waffe verschleppt und ausgeraubt worden zu sein, werde ich nie in meinem Leben vergessen. Nach der Entführung hasste ich das Leben und die Arbeit in Bengasi und der Umgebung noch mehr. Ich entschloss mich, die Stadt so schnell wie möglich zu verlassen. Mit jedem Tag wurde das Leben in Bengasi unerträglicher für mich, zumal meine finanzielle Situation verheerend war. Arbeiten konnte ich auch nicht mehr, weil ich Angst hatte, erneut entführt oder gar getötet zu werden.

Schließlich setzte ich mich mit Verwandten und Bekannten in Verbindung, die in Ben Dschawad lebten. Ich sagte ihnen, dass ich nicht mehr in Bengasi leben konnte und zu ihnen nach Ben Dschawad ziehen wollte. Sie waren sofort einverstanden und kontaktierten einen Schleuser. Sie einigten sich mit ihm und er benachrichtigte einen anderen Schleuser in Bengasi, der sich wiederum bei mir meldete. Dazu musste er allerdings einen Freund von mir anrufen, denn ich besaß kein Handy mehr.

Ich hatte meinen Freunden offen erzählt, dass ich nicht genügend Geld hatte, um die Reise nach Ben Dschawad komplett zu bezahlen. Sie waren bereit, für mich zu zahlen, um mich zu sich zu holen, egal was es kosten würde. Wichtig sei erstmal, dass es mir gut ginge, sagten sie.

Während meiner fünf Monate in Bengasi hatte ich nicht mehr als 100 Dinar zur Seite legen können. Ich zahlte sie dem Schleuser für die Fahrt nach Ben Dschawad. Den Rest wollten meine Verwandten übernehmen, sobald ich angekommen war.

Der Schleuser rief mich an und wir vereinbarten einen Treffpunkt am al-Hadiqa Markt, einem der ältesten und bekanntesten Märkte in der Innenstadt Bengasis. Er sagte, er würde mich nach Adschdabiya bringen, von dort aus übernähme dann ein Freund von ihm die Strecke nach Ben Dschawad. Also nahm ich mir ein Taxi zum Markt, um den Schleuser zu treffen.

Weil ich kein Handy hatte, notierte ich mir seine Nummer auf einem Zettel. Auf dem Markt angekommen, bat ich einen sudanesischen Arbeiter, die Nummer für mich anzurufen. Nachdem ich lange gewartet hatte, bis der Schleuser schließlich kam, stiegen wir in seinen Wagen und machten uns auf den Weg nach Adschdabiya.

Bengasi zu verlassen, bedeutete für mich, von meinem engsten Weggefährten Abschied zu nehmen. Ishak wollte in Bengasi bleiben und versuchen, an die 11.000 Libyschen Dinar zu kommen, die ihm die Firma, für die er vor der Revolution gearbeitet hatte, noch schuldete. Als er das Geld später einforderte, wurde er abgewiesen. Man wüsste von keinen ausstehenden Zahlungen und wenn, dann könne man nichts auszahlen, solange sein ehemaliger Vorgesetzter nicht wieder da sei. Dieser hätte die notwendigen Unterlagen und ohne ihn ginge es nicht, behaupteten sie. Ishak konnte allein nichts erreichen, aber eine offizielle Stelle, an die er sich hätte wenden können, um Hilfe zu bekommen, gab es auch nicht.

Während seiner Rückkehr in den Sudan bekam Ishak auf der Fahrt durch die Wüste leider Probleme mit seiner Niere. Ich bete dafür, dass er bald wieder gesund wird.

Auf dem Weg von Bengasi nach Adschdabiya passierten wir insgesamt sechs Checkpoints der libyschen Armee, aber keiner von ihnen war besetzt. Wir wurden nicht ein einziges Mal angehalten, bis wir drei Stunden später unser Ziel erreichten.

In Adschdabiya trafen wir den zweiten Schleuser. Ich gab ihm die vereinbarten 100 Dinar. Von meinen Freunden würde er noch einmal 250 Dinar erhalten. Dann machten wir uns auf den Weg nach Ben Dschawad. Der Schleuser fuhr mich allerdings zuerst an den Golf von Sidra, auch bekannt als Große Sirte, eine Mittelmeerbucht an der Nordküste Libyens, in der Nähe der Stadt Ras Lanuf. In dieser für ihre Ölvorkommen bekannten Gegend arbeiteten zwei Freunde von mir im Baugewerbe. Solange sie in der Region im Einsatz waren, schliefen sie auch dort. Der Schleuser setzte mich bei ihnen ab und sie zahlten ihm die restlichen 250 Dinar aus. Die Nacht verbrachte ich in ihrer Unterkunft.

Am nächsten Morgen schickte der Schleuser ein Taxi aus Ben Dschawad und der Fahrer brachte mich zu meinen Freunden in die Stadt. Ich war überglücklich bei ihnen zu sein. Unter meinen Freunden fühlte ich mich zum ersten Mal seit langer Zeit wieder sicher.

6. Ben Dschawad

Ben Dschawad liegt direkt am Mittelmeer, ungefähr in der Mitte des libyschen Küstenstreifens. Es befindet sich westlich von Ras Lanuf und östlich von Sirte, das aufgrund der verwandtschaftlichen Beziehungen bekannt ist, die den ehemaligen libyschen Präsidenten Muammar Gaddafi mit seinen Einwohnern verbindet. Ich werde Ben Dschawad, diese altehrwürdige, sich selbst treu gebliebene Stadt, und ihre herzlichen, eng miteinander verbundenen Menschen, niemals vergessen.

Obwohl es eine kleine Stadt ist, bietet sie ihren Bewohnern auch etwas: Es gibt einen lokalen Radiosender, eine Oberschule und eine Bank. Zu dieser Zeit war Ben Dschawad eines der sichersten und stabilsten Gebiete in Libyen. Während der insgesamt acht Monate, die ich in der Stadt lebte, habe ich nur gute Erfahrungen gemacht. Wir wurden als Ausländer immer gut von den Menschen behandelt. Dafür bin ich ihnen von ganzem Herzen dankbar!

Und weil die Menschen in Ben Dschawad so großherzig waren, gab es in der Stadt sehr viele ausländische Arbeiter. Die Glückspilze unter ihnen arbeiteten für einen regelmäßigen monatlichen Lohn in einem der Geschäfte der Stadt. Andere verdienten sich als Tagelöhner auf der „Saha". Manche waren wiederum im Handwerk oder verschiedenen anderen Berufen tätig. Je nach Qualifikation und Ausbildung konnten sie so ihr Auskommen verdienen.

Ich hatte damals immer noch keine beruflichen Erfahrungen, weder im Handwerk noch in anderen Bereichen. Also ging ich wieder zur „Saha" und wartete auf Autos, die ich entladen konnte. Kam ein solcher Auftrag, war die Konkurrenz um die Plätze immer groß. Manchmal mussten wir Ziegel schleppen, manchmal Sand und manchmal auch Futtermittelsäcke.

Für die Arbeit erhielten wir zwischen anderthalb und fünf Dinar pro Job oder Auto. Immer wieder gab es aber auch Tage, an denen wir gar nichts verdienten.

So eine Wagenladung bestand aus 750 bis 1.000 Ziegeln. Pro Ziegel gab es 0,05 Qirsch (Untereinheit des Dinar), also 50 Dinar pro Ladung. Manchmal teilten sich 20 bis 25 Arbeiter eine Ladung. Deswegen erhielten wir manchmal auch nur 40 Dinar für den Job.

Wenn es nicht um Ziegel ging, entluden wir Sand oder Kieselsteine und schleppten sie auf den Schultern in die oberen Etagen der Häuser. Manchmal die zweite, manchmal die dritte oder die vierte Etage. Es war harte und schwer erträgliche Arbeit, aber immerhin war die Sicherheitslage in der Stadt gut. Und Sicherheit und Stabilität waren das Wichtigste für uns, deshalb blieb ich in Ben Dschawad und machte weiter wie gehabt.

Ich benötigte viel Geduld und Leidensfähigkeit, bis ich schließlich eine Gruppe von Ägyptern fand, die Renovierungsarbeiten erledigten. Da ich durch die Arbeit mit dem Syrer in Bengasi ein bisschen Erfahrung in diesem Bereich gesammelt hatte, entschied ich, mich ihnen anzuschließen, zu lernen und meine Kenntnisse über Renovierungsarbeiten zu vertiefen. Ich einigte mich mit den Ägyptern auf einen Tageslohn von 50 Dinar. Ein paar Tage lang arbeitete ich tatsächlich mit ihnen zusammen, aber sie zahlten mir den vereinbarten Lohn nicht aus, sodass ich mich entschloss, die Zusammenarbeit zu beenden.

Auch eine weitere Geschichte aus meiner Zeit in Ben Dschawad hat sich in meinem Gedächtnis festgesetzt: In der Stadt gab es einen sudanesischen Bauunternehmer, der auch Renovierungsarbeiten durchführte. Er beschäftigte einen jungen Verwandten von sich, der gerade einmal 17 Jahre alt war. Wir arbeiteten zu dritt zusammen, aber nach nur 29 Tagen hatte auch diese Zusammenarbeit ein Ende.

Ich hatte mich mit dem Unternehmer auf 40 Dinar pro Tag verständigt, aber als wir am Monatsende unser Geld wollten, bezahlte er mich und seinen jungen Verwandten nicht. Er behauptete, wir hätten kein Recht, Geld von ihm zu verlangen. Wir versuchten zwar, ihn gerichtlich zu belangen, aber er erschien nicht zur Verhandlung und machte sich dann aus dem Staub.

Daraufhin wandte ich mich an den Auftraggeber, für den wir gearbeitet hatten. Er wusste natürlich, was vorgefallen war, aber auch er zahlte mir nur 650 der mir zustehenden 1.160 Dinar. Obwohl der Junge insgesamt mehr als drei Monate für seinen Unternehmeronkel gearbeitet hatte, hat er bis heute keinen einzigen Cent von ihm gesehen. Nach dieser Geschichte traf er ihn nie wieder. Er verließ dann später Libyen. Heute ist er ein junger Mann und lebt in Großbritannien. Inzwischen ist er an einer Universität in London eingeschrieben, um IT zu studieren.

So ging es für uns in Ben Dschawad weiter wie gehabt: Es gab kaum Arbeit. Wenn doch, dann ohne angemessenen Lohn. Dafür mussten wir uns mit unredlichen Auftraggebern aller Art herumschlagen, die uns über den Tisch zogen, wo es nur ging. Dass es keine offizielle Stelle gab, an die wir uns in solchen Fällen hätten wenden können, machte es ihnen einfach.

Wir befanden uns in einem Land, in dem Rechte und Pflichten keine Bedeutung mehr hatten und das Gesetz nichts mehr wert war. Selbst denjenigen, die die Gesetze kannten, waren sie egal und sie hielten sich nicht an sie. Immerhin, die Stadt war halbwegs sicher – bis eines Tages geschah, was wir in dieser Stadt nicht erwartet hätten, und wir erlebten, was man sonst nur in Hollywoodfilmen sieht.

7. Die Schlacht um den Golf von Sidra

Der Golf von Sidra liegt ungefähr 25 Kilometer östlich von Ben Dschawad und fünf Kilometer westlich von Ras Lanuf. In diesem Gebiet befinden sich auch die wichtigsten Ölhäfen Libyens. Der Hafen von Sidra war der größte Umschlagplatz für Öl im postrevolutionären Libyen und zu dieser Zeit der einzige sichere Ölhafen im ganzen Land.

Libyen ist bekanntermaßen wirtschaftlich vom Öl abhängig, da es die einzige größere Einnahmequelle des Landes darstellt. Entsprechend groß war der Anreiz für die Milizen der „Masarit", den Kampfverbänden auf Seiten der „Einheitsregierung", den Ölhafen anzugreifen und die Kontrolle über ihn zu erlangen. Ben Dschawad ist die nächstgelegene Stadt und obendrein der wichtigste Zugang zum Hafen. Es war daher klar, dass die „Masarit" zuerst Ben Dschawad erobern müssten, das in der Folge zu einem Knotenpunkt für ihre Kämpfer werden sollte.

Die Truppen der „Masarit" kamen an einem Samstag gegen fünf Uhr morgens. Ein Teil von ihnen marschierte in Ben Dschawad ein, während ein anderer Teil direkt in Richtung Sidra vordrang. An einem Stützpunkt in der Nähe des Hafens kam es zu Kämpfen mit Truppen der gegen die „Einheitsregierung" kämpfenden Milizen der „Petroleum Facility Guard" unter Ibrahim Jadran, der die dort stationierten Kräfte schnell verstärkte. Durch die neu geschaffene Übermacht an Verteidigern verhinderte er den Vorstoß der „Masarit" auf den Hafen.

Während der Kämpfe befanden sich nach wie vor ausländische Arbeiter in der Gegend, darunter auch ein Freund von mir. Er schaffte es nicht, zu uns nach Ben

Dschawad zu fliehen, nachdem seine Unterkunft von einer Rakete getroffen wurde. Wie durch ein Wunder überlebte er jedoch die Schlacht und gelangte mit Hilfe eines libyschen Nachbarn von Sidra nach Ras Lanuf.

Am ersten Tag des Kampfes konnte keine der Seiten Gebietsgewinne verzeichnen. Am zweiten Tag rückte dann eine riesige Armee aus Misrata an. Ich weiß nicht, wie viele Kämpfer es waren, aber sie kamen mit mehr als 100 Fahrzeugen, beladen mit allen möglichen Waffen von Maschinengewehren über Raketenwerfer bis hin zu Luftabwehrgeschützen. Die Truppen umzingelten Ben Dschawad vollständig.

Die Einwohner der Stadt flüchteten auf die umliegenden Felder oder in die Wüste. Nur wir Ausländer konnten die Stadt nicht verlassen, weil wir keine Autos hatten und nicht einmal genug Geld besaßen, um ein Taxi zu mieten mit dem wir aus der Stadt hätten entkommen können. Die Taxifahrer nutzten die Gelegenheit zudem schamlos aus und erhöhten die Preise. Deswegen konnten nur diejenigen fliehen, die genug Geld hatten. Alle anderen saßen in Ben Dschawad fest.

Wir wohnten damals in einer Wohnung direkt an der Küste. Nachdem die „Masarit“ die Stadt eingeschlossen hatten, blieb uns eigentlich kein anderer Ausweg mehr, als das Meer. Wie es schon in der Redensart heißt: „Vor uns das Meer und hinter uns der Feind.“

Unsere Lage spitzte sich schnell dramatisch zu. Wir waren komplett von der Außenwelt abgeschnitten und hatten weder zu essen noch zu trinken. In der ganzen Gegend wurden die Nahrungsmittel knapp, es gab nicht einmal mehr Mehl zu kaufen und schließlich wurden alle Läden geschlossen. Wir Migranten in Ben Dschawad litten daher mit am schlimmsten unter den erbitterten Kämpfen.

Irgendwann begannen die „Masarit" damit, uns als unbezahlte Arbeitskräfte auszubeuten. Jeden Morgen kamen sie zu uns nach Qomati, dem Viertel der ausländischen Arbeiter. Sie zwangen wahllos ein paar von uns, mit ihnen zu gehen. Manchmal bedrohten sie uns dabei mit ihren Waffen. Dann brachten sie uns direkt aufs Schlachtfeld, wo wir die Munitionskisten und Sprengköpfe entladen und sie unter den Kämpfern verteilen mussten.

Die Soldaten machten uns im Kampf um den Hafen von Sidra zu ihren menschlichen Schutzschilden. Tagsüber zwangen sie uns, Munition für sie zu schleppen, und nachts schliefen sie bei uns in der Unterkunft. Bald flogen die Aufklärungsflugzeuge jeden Tag über unsere Köpfe hinweg und eine Woche, nachdem der Kampf begonnen hatte, begann die Luftwaffe, die Stützpunkte der „Masarit" dem Erdboden gleich zu machen.

Ich erinnere mich, dass eines Tages gegen sechs Uhr morgens, wir schliefen zu fünft in einem Zimmer, Flugzeuge der libyschen Nationalarmee unter der Führung des Feldmarschalls Khalifa Haftar, die die „Petroleum Facility Guard" Jadrans unterstützte, ein Restaurant in unserer Nähe bombardierten, in dem Truppen der „Masarit" Stellung bezogen hatten. Es war eines der größten Restaurants der Stadt.

Am gleichen Tag brannte ein Treibstofflager in der Gegend von Sidra nieder. Dunkle Rauchwolken bedeckten den ganzen Himmel über Ras Lanuf, Sidra und Ben Dschawad. Die Rauchschwaden waren so dicht, dass wir fast nichts mehr sehen konnten. Da die Gegend während der heftigen Kämpfe so gefährlich war, traute sich niemand, die Feuer zu löschen. Wir hatten große Angst, insbesondere davor, dass das Feuer auf ein weiteres Treibstofflager übergreifen würde. Diese Angst war umso größer, weil der

Brand ganz in der Nähe der „Raslanuf Oil & Gas Processing Co." ausgebrochen war, auf deren Gelände es Speicher für Methan und andere Gase gab.

Nach diesem Tag trauten wir uns nicht mehr zu schlafen und entschieden uns, die Stadt so schnell wie möglich zu verlassen. Bloß wussten wir nicht wie, denn es gab auf Anhieb keinen Weg, das zu tun. Es gab für uns mehrere Gründe unter allen Umständen zu fliehen. Wir wussten, dass unser Risiko zu sterben sehr groß war, wenn wir in der Stadt geblieben wären. Vielleicht wären wir durch die Gase in den Rauchschwaden vergiftet geworden. Vielleicht hätten uns die „Masarit" umgebracht, wenn wir uns geweigert hätten, ihnen weiter beim Transport und Entladen der Munition zu helfen. Vielleicht hätte uns eine Bombe der Kampfflugzeuge der libischen Nationalarmee erwischt, ganz egal ob sie den „Masarit" gegolten hätte, die uns als Schutzschilde missbrauchten, oder Teil eines wahllosen Flächenbombardements gewesen wäre. Vielleicht wären wir auch verhungert und verdurstet, weil es aufgrund der Belagerung keine Nahrungsmittel mehr gab. Wir waren von allen Seiten eingeschlossen: Im Norden war das Mittelmeer, im Süden und Westen warteten die „Masarit". Im Osten tobte der Kampf um Sidra und über unseren Köpfen kreisten die Kampfflugzeuge der Armee.

8. Von Ben Dschawad nach Adschdabiya

Zwei Wochen lang harrten wir im belagerten Ben Dschawad aus. Dann, Ende Dezember 2014, entschieden wir uns, die Stadt zu verlassen. Allah sei Dank, war mein Freund Mohammad bereit, unser Leben mit seinem Geld zu retten. Er rief einen libyschen Taxifahrer an, den er kannte. Obwohl die Summe, die er verlangte, viel zu hoch war, bezahlte Mohammad für uns und noch drei Bekannte.

Wir hatten nur wenige Habseligkeiten und ein paar Decken mitnehmen können, alles andere mussten wir zurücklassen. Nach einer ausführlichen Kontrolle am Checkpoint im Osten, der einzigen Möglichkeit Ben Dschawad zu entkommen, erlaubten uns die „Masarit" tatsächlich, die Stadt zu verlassen.

Von da aus fuhren wir in Richtung Sirte im Westen Libyens. Auf der Fahrt durchquerten wir mehrere Regionen. Bei der Stadt Nufaliya mussten wir einen Checkpoint passieren, den eine Gruppe namens „Ansar al-Scharia", eine islamistische Gruppierung auf Seiten der „Einheitsregierung", kontrollierte. Sie gehört zu den fanatischsten islamistischen Gruppierungen, die nach der Revolution in Libyen in Erscheinung traten. Es war daher nicht selbstverständlich, wohlbehalten durch diesen Kontrollpunkt zu kommen.

Eigentlich wollten wir nach Adschdabiya, das nicht weit entfernt östlich von Ben Dschawad liegt. Zu dieser Zeit gab es jedoch keine direkte Verbindung zwischen Ben Dschawad und Adschdabiya. Um überhaupt dorthin zu kommen, musste man durch Kriegsgebiet. Wir hatten uns für Adschdabiya entschieden, weil es damals aufgrund der katastrophalen Sicherheitslage der einzig passierbare Weg in Richtung des Sudan war, was wir ernsthaft erwogen. Zu fliegen war hingegen keine Option, zumal die meisten Flughäfen mit Raketen beschossen und die Infrastruktur und sogar die zivilen Flugzeuge zerstört worden waren. Wegen der Schäden durch die Angriffe seitens der Milizen, wurde der Betrieb auf den meisten libyschen Flughäfen eingestellt. Adschdabiya war also der einzige offene Korridor in den Sudan. Mit Lastern war es zwar möglich durch die Sahara dorthin zu gelangen, aber die Reise dauerte manchmal zwei Wochen oder sogar einen ganzen Monat.

Nach einer gefährlichen und strapaziösen Reise gelangten wir in die Region al-Dschufra. Auf dem Weg dorthin mussten wir mehrmals strenge Kontrollen über uns ergehen lassen. Wenn wir gefragt wurden, antworteten wir stets, wir seien auf dem Weg in den Sudan und man ließ uns passieren. Al-Dschufra ist nicht weit entfernt von der Stadt Sabha und zeichnet sich durch seine vielen Dattelpalmen aus. Im Vergleich zu anderen Regionen Libyens war die Sicherheitslage in al-Dschufra zu diesem Zeitpunkt relativ stabil.

Da wir dort jedoch keine Verwandten oder Bekannten hatten, bei denen wir bleiben oder uns wenigstens erfrischen konnten, entschieden wir uns, weiterzufahren und noch am gleichen Tag eine Überlandfahrt nach Adschdabiya zu nehmen. Gegen drei Uhr nachmittags kauften wir Tickets für 100 Dinar pro Person und verließen al-Dschufra in Richtung Adschdabiya.

Die Strecke nach Adschdabiya war äußerst unwegsam. Die Straßen waren nicht asphaltiert und auf den bergigen Abschnitten gab es viel Geröll. Ein noch größeres Risiko als die Fahrt selbst war es jedoch, den Weg mit einem Fahrer zurückzulegen, den wir vorher nicht kannten. Wir fuhren die ganze Nacht durch mit der Angst als unserem ständigen Begleiter. Aber unser Glaube daran, dass uns nichts geschehen würde, was Allah nicht vorherbestimmt hat, verlieh uns Kraft.

Zwar lag auf unserem Weg nur ein Checkpoint, aber dort nahmen es die Soldaten sehr genau. Wir mussten aus dem Auto steigen, damit sie uns und den Wagen besser durchsuchen konnten. Danach kontrollierten sie unsere Pässe und die Gesundheitszeugnisse. Nachdem sie unsere Identität überprüft hatten, ließen sie uns schließlich passieren.

Das war der letzte Checkpoint bis zur Stadt Bishr. In Bishr wohnten zwei Freunde von uns. Also entschlossen wir uns, die Nacht bei ihnen zu verbringen. In Adschdabiya kannten wir niemanden und die Fahrt dorthin wäre nachts viel zu gefährlich gewesen. Auf dem Weg gab es viele Checkpoints und in der Gegend hatte sich eine Vielzahl von einflussreichen Banden breitgemacht. Wir sagten dem Fahrer, er solle uns in Bishr rauslassen. Er wollte wissen, wo genau, aber da wir die Adresse unserer Freunde nicht kannten, versuchten wir sie anzurufen. Ihre Telefone waren jedoch ausgeschaltet.

Glücklicherweise trafen wir auf der Straße Passanten, die wir um Hilfe bitten konnten. Wir nannten ihnen die Namen unserer Freunde und fragten, ob sie wüssten, wo sie wohnen. Sie kannten sie und wir erwähnten, dass sie entfernte Bekannte seien. Daraufhin hießen sie uns herzlich Willkommen, dann stieg einer von ihnen zu uns ins Auto und zeigte dem Fahrer den Weg.

Als wir ankamen, klopften wir an die Tür. Unsere Freunde ließen uns herein und begrüßten uns herzlich. Ursprünglich hatten wir ja nach Adschdabiya gewollt. Aber das Schicksal brachte uns nach neun Stunden Fahrt durch bergiges und unwegsames Gebiet erst einmal nach Bishr. Tatsächlich blieben wir länger dort, denn wir schafften es nicht mehr nach Adschdabiya, bevor ich Libyen schließlich verließ.

9. Unvergessliche Tage in Bishr

Ich weiß gar nicht, als was ich Bishr bezeichnen soll. Für eine richtige Stadt ist es zu klein, aber für ein Dorf zu groß. Es liegt irgendwo dazwischen. Bishr befindet sich nur knapp fünf Kilometer vom Mittelmeer entfernt, östlich von Ras Lanuf und westlich von Brega, zwei für die Ölbranche Libyens wichtige Städte.

Die Stadt in Zentrallibyen ist im Süden und Westen von landwirtschaftlich genutzten Flächen umgeben und ihre unkomplizierten und umgänglichen Einwohner arbeiten entweder als Bauern oder als Viehzüchter. Es sind einfache und gute Menschen ohne Allüren, die anders als andere Libyer, die ich erlebt habe, nicht abfällig auf Ausländer herabschauen. Ich blieb insgesamt rund acht Monate in der Stadt, vom Beginn der Schlacht um Sidra Ende Dezember 2014 bis Juli 2015.

Was Sicherheit und Wohlbefinden anging, war es eine gute Zeit in Bishr, verglichen mit dem, was ich in Ben Dschawad durchgemacht hatte. Im Unterschied zu Ben Dschawad lief es auch mit der Arbeit einigermaßen. Man könnte sogar sagen, es lief ganz gut. Ich arbeitete in dem Bereich, in dem ich bereits Erfahrung gesammelt hatte: Renovierungsarbeiten.

Allerdings bekam ich nur gelegentlich Aufträge. Jobs gab es nur, wenn die Menschen gerade ihre monatliche Überweisung vom Staat bekommen hatten. Viele Libyer lebten unter Gaddafi von dem Geld, das ihnen die Regierung jeden Monat überwies. Viele körperlich schwere Arbeiten im Bausektor oder der Landwirtschaft werden in Libyen vor allem von Migranten geleistet, die wie Sklaven behandelt werden. Es gibt keinen Schutz vor Ausbeutung und manchmal schuften sie monate- oder sogar jahrelang ohne

Lohn. Das passiert insbesondere, wenn die Farmer oder Viehzüchter ihre Arbeiter aus den Fängen von Schleusern freikaufen. Dann betrachten sie diese Menschen als ihr Eigentum, mit dem sie machen können, was sie wollen.

Sich frei in Libyen zu bewegen, ist selbst für die Libyer und Libyerinnen nicht ganz einfach, für Ausländer ist es meist ein Ding der Unmöglichkeit. Deswegen versuchen sie in der Regel, mit Hilfe von Schleusern von einem an den anderen Ort zu kommen. Obwohl es immer auch eine riskante Reise ins Unbekannte ist, erscheint dieser Weg den meisten Migranten doch sicherer, als mit dem Taxi oder den öffentlichen Verkehrsmitteln zu reisen. Denn dort läuft man Gefahr, unterwegs verhaftet und ins Gefängnis geschmissen zu werden. Nicht selten entführen Banden und Milizen auch Ausländer, um Lösegeld zu fordern, rauben sie aus, oder foltern und töten sie.

Meine Zeit in Bishr gehörte zur schönsten, die ich in Libyen erlebt habe. Wir spielten mit den Menschen aus der Stadt Fußball, mitten in der Nacht! Manchmal organisierten wir ein Spiel, an anderen Tagen trainierten wir nur auf einem Kleinfeld, dem einzigen dieser Art in der gesamten Region. Der Sport war eine der seltenen kleinen Freuden, die man als Migrant in Libyen hatte, und dafür bin ich den Menschen in Bishr sehr dankbar.

Aber auch in Bishr war natürlich nicht alles gut. Zu den negativen Seiten zählte, dass Bishr ein Zentrum für Schleuser und Waffenhändler in Libyen war. Allah sei Dank wurden wir während meiner Zeit in Bishr aber nie von irgendjemandem direkt angefeindet oder angegriffen. Vielen anderen Freunden und Bekannten erging es jedoch auch in Bishr nicht so gut: Sie wurden bedroht, verprügelt und in ihren Wohnungen ausgeraubt.

Ich habe dieses Kapitel „Unvergessliche Tage in Bishr" genannt und das waren sie wirklich. Bishr war mein letzter Aufenthaltsort in Libyen, bevor ich nach Europa floh und ich werde keinen einzigen Moment meiner Zeit in der Stadt vergessen – auch weil Allah mir dort ein neues Leben schenkte. Ein neues Leben, ohne das ich dieses Buch nie hätte schreiben können.

10. Al-Arqub: Ein neues Leben

Das kleine Dorf al-Arqub liegt zwischen Bishr und Brega. Während ich anfing, mir in Bishr einen Namen als Handwerker zu machen, hatte ich eine gute Zeit in diesem kleinen Ort. Manchmal gab es dort relativ viele Aufträge für mich und so entwickelte sich al-Arqub neben Bishr zu meinem zweiten Standbein. Durch den Kundenstamm, den ich mir im Dorf aufbaute, bekam ich regelmäßig Arbeit.

Ich war als kleiner Unternehmer für Renovierungsarbeiten tätig. Wenn ich in al-Arqub arbeitete, übernachtete ich für ein paar Tage oder Wochen im Dorf. Sobald mein Auftrag erledigt war, kehrte ich wieder in meine eigentliche Unterkunft in Bishr zurück.

Der 17. April 2015 veränderte allerdings mein Leben. Ich denke bis heute immer an diesen Tag, denn er hat sich auf ewig in mein Gedächtnis eingebrannt. Seit diesem Tag nimmt al-Arqub einen ganz speziellen Platz in meinen Erinnerungen ein.

Ich hatte damals einen sudanesischen Bekannten namens Mohammad, der dort lebte und arbeitete. Wenn ich im Ort Aufträge hatte, kam ich bei ihm unter, bis ich mit der Arbeit fertig war und wieder nach Bishr zurückging.

Am 16. April rief mich Mohammad an. Ein libyscher Bekannter von ihm suchte jemanden für Renovierungsarbeiten in seiner Wohnung. Mohammad hatte ihm meine Telefonnummer gegeben und der Libyer würde sich möglicherweise rasch bei mir melden. Ich freute mich und bedankte mich bei Mohammad dafür, dass er an mich gedacht hatte.

Der Libyer rief noch am selben Tag tatsächlich an. Er wollte seine Wohnung streichen lassen und dies würde seiner Ansicht nach wahrscheinlich nicht viel Zeit in

Anspruch nehmen. Er schlug vor, ich solle vorbeikommen, um die Wohnung in Augenschein zu nehmen und den Aufwand zu schätzen. Anschließend könnten wir uns auf die Bezahlung einigen. Ich stimmte seinem Vorschlag zu. Er wollte außerdem wissen, ob ich sofort anfangen könnte, wenn wir eine Einigung erzielt hätten. Damit war ich ebenfalls einverstanden und wir beschlossen, dass er mich am nächsten Tag abholen sollte, um zusammen zu seinem Haus zu fahren.

Am Morgen darauf, es war ein Freitag, klopfte es so gegen acht Uhr an unsere Tür: „Ich bin's, Mohammad! Wir hatten gestern telefoniert. Bist du fertig, können wir gleich los?" Ich nickte. Mein Freund Mahmoud, mit dem ich des Öfteren zusammenarbeitete, begleitete uns. Auf der Fahrt erzählte uns Mohammad, dass er die Wohnung streichen lassen wolle, weil seine Frau ein Kind erwartete, und er erklärte uns, dass es in Libyen Tradition sei, die Geburt eines männlichen Kindes zu feiern, während die Geburt einer Tochter nicht entsprechend gefeiert werde. Er habe jedenfalls vor, die Geburt seines Sohnes standesgemäß zu begehen und dazu müsste als Erstes die Wohnung neu gestrichen werden.

An seinem Haus angekommen, nahmen wir die Wohnung in Augenschein, um abzuschätzen, wie lange wir für die Arbeit brauchen würden. Ich beriet mich mit Mahmoud und wir unterbreiteten dem Libyer ein Angebot. Wir fanden 350 Libysche Dinar angemessen, denn wir sollten für den Job nicht länger als einen Tag brauchen. Mohammad war einverstanden.

Wir fingen gleich mit der Arbeit an. Zwischendurch gesellte sich Mohammad auf eine Tasse Tee zu uns. Später brachte er uns sogar Mittagessen und leistete uns Gesellschaft. Es passiert nur selten, dass Libyer sich so um die

Leute kümmern, die für sie arbeiten. Er schien das Herz am rechten Fleck zu haben. Die übrige Zeit schaute er fern oder lauschte Koranrezitationen, während wir arbeiteten. Als uns zwischenzeitlich Material fehlte, fuhr er sogar mit dem Auto nach Brega und besorgte uns, was wir brauchten.

Wir hatten gegen 10 Uhr mit der Arbeit begonnen und schafften es tatsächlich, bis 19 Uhr abends alles zu erledigen. Wir sammelten den Materialmüll ein und verstauten ihn auf der Ladefläche von Mohammads Wagen. Er wollte den Abfall auf der kleinen Müllhalde des Dorfes abladen. Wir stiegen ein, fuhren aber nicht gleich los, denn Mohammad begann erst einmal damit, seine Haare zu kämmen und betrachtete sich eingehend im Rückspiegel. Ich fragte mich, warum er sich so spät am Abend noch um seine Haare kümmerte, obwohl er uns doch nur nach Hause bringen wollte. Ich überlegte, was er vielleicht noch vorhaben könnte.

Als er mit seinen Haaren fertig war, gestand er uns, dass er gar kein Geld hatte, um uns zu bezahlen. Er arbeitete beim Öl- und Gasunternehmen in Brega und hatte seit zwei Monaten keinen Lohn mehr erhalten. Er versprach, uns am Ende des Monats zu bezahlen, sobald er sein Gehalt überwiesen bekommen habe, und bat uns um Entschuldigung dafür, nicht von Anfang an ehrlich gewesen zu sein.

Natürlich waren wir von seinem Geständnis überrascht, aber letztlich waren uns die Hände gebunden. Wir akzeptierten sein Angebot, da er uns sein Wort gegeben hatte. Trotzdem, erklärten wir ihm, dass es aber besser gewesen wäre, uns gleich zu sagen, dass er kein Geld hatte, nicht erst nachdem die Arbeit schon erledigt war.

Er entschuldigte sich immer wieder und sagte, es täte ihm sehr leid. Dann überlegte er ein wenig und schlug vor, bei unserem gemeinsamen sudanesischen Freund Mohammad vorbeizufahren und ihn zu bitten, etwas von dem Geld auszulegen.

Also fuhren wir zu Mohammad, aber auch er hatte kein Geld übrig. Dennoch versicherten wir dem Libyer, er solle sich keine Sorgen machen, alles sei in Ordnung. Er war ehrlich zu uns und hatte die Wahrheit gesagt. Solange er sein Versprechen am Ende des Monats halten würde, wäre die Angelegenheit für uns erledigt.

Wir baten ihn nur, uns noch nach Hause zu bringen. Er war sichtlich erleichtert über unsere Reaktion und war einverstanden uns nach Hause zu fahren. Wir sollten kurz auf ihn warten, er wolle vorher nur noch schnell den Müll entsorgen.

Während er weg war, widmeten wir uns bei Mohammad dem anstehenden Gebet. Nach kurzer Zeit kam der Libyer zurück und wir machten uns auf den Weg nach Bishr. Auf der Fahrt erzählte er uns, dass sein Bruder gerade die „Aqiqa" feiern würde, ein Fest anlässlich des siebten Lebenstags eines Neugeborenen. Er sei deshalb bei ihm zum Abendessen eingeladen.

Er lud uns ein, mitzukommen und zum Abendessen zu bleiben. Nach dem Essen würde er uns dann nach Hause bringen. Wir bedankten uns für die Einladung, lehnten aber ab, obwohl wir unter anderen Umständen gerne mitgekommen wären. Wir erklärten ihm, dass wir sehr müde wären und außerdem noch in unserer schmutzigen Arbeitskleidung steckten. Beim nächsten Mal würden wir die Einladung aber bestimmt annehmen. Also rief Mohammad seinen Bruder an und sagte ihm, dass er uns noch schnell in Bishr absetzen müsste, dann aber kommen würde. Sie sollten ihm etwas vom Abendessen übriglassen. Nachdem er aufgelegt hatte, rief er noch zwei weitere Personen an. Er grüßte sie und erklärte ihnen, dass er sofort kommen würde, sobald er uns abgesetzt hatte.

Danach sprachen wir nicht mehr. Er drehte das Radio auf maximale Lautstärke und drückte aufs Gas. Als ich das letzte Mal auf den Tacho blickte, fuhren wir schon 130 km/h. Wir waren nur noch ungefähr fünf Minuten von Bishr entfernt.

Plötzlich saß ich in einem Cabriolet mit offenem Verdeck. Ich konnte den Himmel, die Sterne und dem Mond sehen. Ich schaute nach links zum Fahrer. Er hatte die Hände nicht mehr am Lenkrad und lag schlaff in seinem Sitz. Hinter mir schien Mahmoud auf der Rückbank zu schlafen.

Ich drehte mich wieder nach vorne und sah direkt vor uns eine Düne. In diesem Moment spürte ich, dass mir etwas das Gesicht hinunterlief, das meine Augen bedeckte und in meinen Mund floss. Ich versuchte, es wegzuwischen, und bemerkte, dass es Blut war.

Ich sah an mir herunter und meine Kleidung war blutverschmiert. Ich begriff, dass ich nicht träumte: Wir hatten gerade einen schweren Verkehrsunfall gehabt. Mir schoss sofort durch den Kopf, dass ich so schnell wie möglich aus dem Auto heraus musste, auch um sicherzustellen, dass kein anderes Auto auf uns auffahren würde.

Ich kletterte aus dem Wagen und versuchte mich zu orientieren. Wir standen am rechten Straßenrand. Kurz überkam mich ein Gefühl der Erleichterung, dann fielen mir die beiden anderen wieder ein. Sie lagen auf ihren Sitzen. Ich schaute sie an, tat aber nichts, um ihnen zu helfen. Warum ich keine Anstalten machte zu helfen, kann ich mir bis heute nicht erklären.

Kurz darauf hörte ich ein Auto, das sich mit hoher Geschwindigkeit von Bishr kommend näherte. Ich versuchte, auf mich aufmerksam zu machen, konnte aber den

Wagen nicht sehen, denn mein Gesicht war blutüberströmt und das Blut trübte meine Sicht. Der Fahrer bemerkte mich dennoch und hielt an. Die zwei Männer im Wagen stiegen aus und kamen zu mir herübergerannt. In heller Aufregung fragten sie, was passiert sei, aber ich konnte ihnen keine Antwort darauf geben. Stoßgebete gen Himmel sendend erkundigten sie sich, ob es mir so weit gut ginge.

Einer der Männer schaltete das Radio in unserem Auto aus, während der andere weitere Autos anhielt. Dann holten sie Mohammad und Mahmoud aus dem Wrack. Die beiden Männer ließen mich wissen, dass sie uns sofort in das 15 Minuten entfernte Krankenhaus nach Brega bringen würden. Dort bekämen wir dann die notwendige notfallmedizinische Versorgung.

Die beiden Männer fuhren uns ins Krankenhaus, wo ich sofort von einem Arzt und einer Ärztin aus dem Sudan untersucht und behandelt wurde. Nachdem sie den Bereich der Verletzung lokal betäubt hatten, nähten sie die Platzwunde über meinem Auge.

Ich erkundigte mich nach dem Zustand der anderen und wollte wissen, wann ich das Krankenhaus wieder verlassen könnte. Der Zustand des Libyers war kritisch, er hatte schwere innere Verletzungen im Brustbereich. Auch Mahmoud ging es schlecht. Er hatte vier Zähne verloren und das Bewusstsein noch nicht wiedererlangt. Beide sollten so schnell wie möglich ins Krankenhaus nach Adschdabiya verlegt werden.

Die Ärzte erzählten mir, dass wir mit einem Kamel zusammengestoßen waren, das gerade die Straße überqueren wollte. Unser Wagen kam erst 300 Meter nach der Stelle, an der wir das Kamel erwischt hatten, zum Liegen.

Mohammad, der Libyer, starb noch auf dem Weg ins Krankenhaus von Adschdabiya. Mein Freund Mahmoud hingegen kam nach drei Wochen auf der Intensivstation wieder auf die Beine. Der einzige bleibende Schaden, den er davontrug, waren die vier verlorenen Zähne, die ihm bei dem Unfall ausgeschlagen worden waren.

Ich wurde noch in derselben Nacht aus dem Krankenhaus entlassen. Das Personal rief meine Freunde in Bishr an und informierte sie über den Unfall. Sie kamen zu fünft, so schnell es ging. Drei von ihnen brachten mich nach Hause, während die anderen zwei Mahmoud begleiteten.

Drei Tage später fuhr ich mit Freunden nach al-Arqub, um der Familie Mohammads mein Beileid auszusprechen. Dabei traf ich auch seinen Bruder, der an jenem Abend die Feier ausgerichtet hatte, auf die er eigentlich später noch gehen wollte. Sein Bruder erzählte uns, dass er tatsächlich etwas vom Abendessen für Mohammad aufgehoben hatte. Das Schicksal habe aber offenbar andere Pläne gehabt. „So ist das Leben", sagte der Bruder.

Er gab mir 350 Dinar. Er meinte, das stünde mir noch zu und bestand darauf, dass ich sie nehme. Zuerst lehnte ich ab, aber die Familie des Toten beharrte darauf, dass ich das Geld annehmen solle. Also nahm ich es schließlich doch. Wir verabschiedeten uns und fuhren zurück nach Bishr.

Dieser Unfall veränderte mein Leben. Es vergeht kein Moment, in dem ich nicht daran denke, was damals passierte und was gewesen wäre, wenn ich nicht mit Allahs Hilfe wie durch ein Wunder den Unfall überlebt hätte – dieses Buch wäre nie geschrieben worden. Nur selten entkommen Menschen einem solchen Unfall lebend. Es ist, als wäre es in einem Hollywoodfilm passiert: Gerade noch sitzt man in einem geschlossenen Hyundai und im nächsten Moment findet man sich in einem Cabriolet wieder, ohne genau zu wissen, was passiert ist.

Unser Auto nach dem Unfall

11. Der Entschluss

Jeder, der illegal über das Mittelmeer von Libyen nach Europa geflohen ist oder es vorhat, fällt eine schwerwiegende und unumkehrbare Entscheidung. Ich gehörte zu denjenigen, denen diese Entscheidung besonders schwerfiel, denn es ist eine Entscheidung für eine von zwei Möglichkeiten: das Leben oder den Tod!

Ich bin mir absolut sicher, dass jeder Migrant, der versucht das Mittelmeer zu überqueren, einen Entschluss gefasst hat: Den Entschluss, dass es besser ist zu sterben, als so wie bislang weiterzuleben. Sonst würde man dieses Glücksspiel nicht eingehen und sein Leben riskieren.

Ich hatte diesen Entschluss gefasst. Mir blieb gar nichts anderes übrig! Ich hatte die Nase voll von dem Leben, das ich führen musste – ganz besonders in Libyen. Aber nur drei Monate nach meinem schweren Unfall war es eigentlich kein günstiger Zeitpunkt für diese Entscheidung.

Alle meine Freunde rieten mir davon ab, denn dieses Mal würde ich bestimmt nicht überleben. Nochmal würde ich nicht davonkommen. Doch ich war überzeugt, dass der Tod und sein Zeitpunkt in der Hand Allahs liegen. Denn im Koran heißt es in der Sure „Die Frauen": „Wo immer ihr auch seid, wird euch der Tod erfassen, und wäret ihr in hochgebauten Türmen." Und in der Sure „Die Höhen" steht geschrieben: „Jede Gemeinschaft hat eine festgesetzte Frist. Und wenn nun ihre Frist kommt, können sie sie weder um eine Stunde hinausschieben noch sie vorverlegen."

Mein Vertrauen und mein Glaube in Allah waren stärker als die Bedenken meiner Freunde. Weil sie verzweifelt und auf alle möglichen Weisen versuchten, mich davon abzubringen, mein Leben zu riskieren, war es dennoch eine schwere Zeit für mich. Doch ich blieb bei meiner Entscheidung, Libyen so schnell wie möglich zu verlassen. Ich wollte über das Mittelmeer nach Europa und musste mich auf die Überfahrt vorbereiten, ich legte mein Schicksal in die Hände Allahs.

Ich verabschiedete mich von allen und verließ unsere Unterkunft. Nur Gamar, seit Ben Dschawad mein engster Freund, begleitete mich.

12. Von Bishr nach Tripolis

Egal ob Geflüchteter oder Arbeiter, wenn man als Ausländer von irgendeiner Stadt in Libyen aus nach Tripolis will, führt kein Weg vorbei an den Orten, von denen ich jetzt erzählen werde. Bei diesen Orten handelt es sich um gefängnisähnliche Verstecke in Städten und Dörfern, in denen die Schleuser ihre „Ware“ für einige Tage, Wochen oder gar einen ganzen Monat festhalten – je nach „Großwetterlage“, wie die Schleuser es nennen. In diesen Verstecken werden die Menschen je nach Lust und Laune der Schleuser und ihrer Helfershelfer geschlagen und gefoltert. Die Schleuser traktieren die Hoden ihrer Gefangenen mit Schlägen, bis sie impotent werden. Sie peitschen sie aus oder lassen sie verhungern und verdursten. Frauen droht die Gruppenvergewaltigung.

Sobald eines ihrer Opfer die Fantasiesummen, die die Schleuser von ihnen verlangen, zu spät oder gar nicht bezahlt, wird ihm das zum Verhängnis. Die Schleuser sind zu Folterexperten geworden. Sie nutzen die Folter, um die Familien ihrer Opfer zu erpressen und ihnen zu drohen. Sie filmen die Folter und schicken den Angehörigen die Aufnahmen. Manchmal rufen sie sogar während der Folterungen die Angehörigen an und zwingen sie die Schreie der Opfer zu hören. Auch ich musste durch diese Hölle, nachdem ich mich entschlossen hatte, von Bishr nach Tripolis zu reisen und von dort aus das Mittelmeer nach Europa zu überqueren.

13. Abschied von Bishr

Auch in der Gegend um Bishr gibt es viele Orte, die die Schleuser als Gefängnis nutzen. Allerdings führte ich in Bishr ein normales Leben, nachdem ich aufgrund des Krieges von Ben Dschawad nach Bishr geflohen war. Ich verließ Bishr am 17. Juli 2015 zusammen mit meinem engen Freund Gamar. Es war der erste Freitag im Ramadan des islamischen Kalenderjahres 1436.

Ich hatte mich entschieden, mich auf den Weg über das Mittelmeer nach Europa zu machen. Dafür musste ich zuerst nach Tripolis. Nach Tripolis zu kommen, ist für alle Migranten außerhalb der libyschen Hauptstadt die größte Hürde, die es zu bewältigen gilt. Alle wollen dorthin, denn die Stadt ist der Hauptzugangspunkt zur Mittelmeerroute und die letzte Station vor der Fahrt übers offene Meer. Noch in Bishr kontaktierten wir einen Freund, der Beziehungen zu einem Schleuser vor Ort hatte.

Er erklärte dem Schleuser, dass wir nach Tripolis wollten. Für einen Preis von 900 Dinar stimmte der Schleuser zu. Da er sich weigerte, mit dem Preis etwas herunterzugehen, mussten wir seine Konditionen akzeptieren. Außerdem war er der einzige Schleuser, dem wir vertrauten, andere zuverlässige Schleuser kannten wir nicht. Und wir brauchten um jeden Preis einen Schleuser, dem wir vertrauen konnten!

Wir nahmen sämtliches Geld mit, das wir während unserer Zeit in Libyen beiseitelegen konnten. Es war alles, was wir für die Reise nach Europa noch übrig hatten. Für den Fall, dass wir von den Schleusern durchsucht werden würden, nähten wir gut versteckte Innentaschen in unsere Unterhosen und platzierten unser gesamtes Geld darin. Das bisschen Geld, das wir besaßen, war unsere letzte

Hoffnung. Würden wir es verlieren, wären alle unsere Träume und unsere Zukunft dahin. Insgesamt hatten wir noch 3500 Libysche Dinar.

Dann, an jenem Freitag, holte uns der Schleuser ab und wir machten uns auf den Weg nach Ras Lanuf.

14. Ras Lanuf

Ras Lanuf ist von Ben Dschawad aus gesehen die nächstgelegene Stadt. Sie liegt westlich von Adschdabiya und östlich von Sirte. Die Gegend um Ras Lanuf ist bekannt für seine Ölvorkommen und sie beheimatet den größten libyschen Ölhafen, weitere befinden sich ganz in der Nähe am Golf von Sidra. Von der Stadt, in der die „Raslanuf Oil & Gas Processing Co." ihren Sitz hat, und meiner Arbeit dort, habe ich bereits in einem der vorausgegangen Kapitel erzählt.

Ras Lanuf war nach Bishr die erste Station auf meinem Weg nach Tripolis. Nachdem wir Bishr verlassen hatten, mussten wir mit unserem Schleuser durch zwei Kontrollpunkte der libyschen Armee. Da er offensichtlich gute Beziehungen zu den Soldaten hatte, ließen sie uns ohne Probleme passieren.

Es war bereits spätabends, als wir in Ras Lanuf ankamen. Der Schleuser meinte, wir sollten bei den sudanesischen Arbeitern in der Stadt übernachten. Er würde uns dann am nächsten Morgen so gegen sieben Uhr abholen, um uns nach Tripolis zu bringen.

Er brachte uns zu unseren Landsleuten und wir verbrachten die Nacht bei ihnen. Am nächsten Morgen kam der Schleuser, der in der gleichen Gegend wohnte, um uns abzuholen. Wir machten uns auf den Weg in Richtung Sirte. Nach fünf Kilometern wurden wir in Nähe von Sidra von zwei anderen Schleusern mit ihren Autos in Empfang genommen.

Sie waren mit zehn Personen unterwegs, acht aus dem Tschad und zwei aus dem Sudan. Sie alle wollten ebenfalls nach Tripolis. Die Schleuser verteilten uns auf ihre drei Autos.

Von dort aus mussten wir als Nächstes durch den Checkpoint bei Sidra. Er war durch die „Petroleum Facility Guard“ gut gesichert und die Kontrollen waren streng. Wie ich bereits geschildert hatte, war dies der Ort, an dem die ersten Kämpfe in der Schlacht um den Golf von Sidra ausgebrochen waren. Nach dem Krieg entwickelte er sich zu einem der am strengsten kontrollierten Checkpoints in ganz Libyen. Die Schleuser nutzten das als Vorwand, um den Preis für die Fahrt zu erhöhen.

Trotz der strengen Kontrollen konnten wir den Checkpoint wohlbehalten passieren. Damit waren wir wieder in die Gegend von Ben Dschawad zurückgekehrt. In Ben Dschawad wartete an der Straße nach Sirte wieder ein neuer Schleuser auf uns. Der Fahrer wies uns an, das Auto zu wechseln und die Fahrt mit seinem Komplizen fortzusetzen. Der Schleuser, mit dem wir aus Ras Lanuf gekommen waren, hatte zwei Kanister Benzin mitgebracht. Er lud sie in den Wagen, in den wir gerade eingestiegen waren, und teilte dem Fahrer mit, wem er sie ihn Sirte übergeben sollte.

15. Sirte

Es war Samstag, der 18. Juli 2015, zwei Tage nach Ramadan im islamischen Kalenderjahr 1436. Einen Tag zuvor hatten mein Freund Gamar und ich uns auf den Weg nach Tripolis gemacht und dann die Nacht in Ras Lanuf verbracht. Nachdem wir in Ben Dschawad Fahrer und Auto getauscht hatten, fuhren wir weiter nach Sirte. Im Auto saßen der Fahrer, Gamar, ich sowie drei Männer aus dem Tschad.

Gleich als Erstes erkundigte sich unser neuer Schleuser, ob wir Muslime seien. Dann fragte er nach den Grundfesten des Islams und seinen fünf Säulen. Wer diese nicht kenne, könne ernsthafte Probleme kriegen, erklärte er. Auf dem Weg gäbe es Checkpoints von islamistischen Extremisten, fuhr er fort, und wer sich nicht mit dem Islam auskenne oder vielleicht gar kein Muslim sei, müsse damit rechnen, getötet zu werden.

Er stellte uns ein paar Fragen, hörte sich die Antworten an und ließ uns die Säulen des Islams immer wieder aufsagen. Damit wollte er uns auf die zu erwartenden Fragen an den Checkpoints auf dem Weg nach Sirte vorbereiten. Seine Warnung war allerdings so verstörend gewesen, dass wir vor lauter Angst alles vergaßen, was wir eigentlich wussten.

Nach weniger als einer halben Stunde Fahrt kamen wir in der Nähe von Harawa an einen Checkpoint. Er wurde von maskierten Männern mit Messern und schweren Waffen kontrolliert. Die Männer hielten uns an, fragten den Fahrer, wo er herkäme und befahlen ihm, seine Ausweis- und Fahrzeugpapiere vorzuzeigen. Zu unserem Glück hatte er beides dabei.

Dann wandten sie sich an uns und fragten nach unserer Herkunft. Der Fahrer kam uns mit der Antwort zuvor: Wir seien alle aus dem Sudan, log er sie an und verriet nicht, dass drei von uns aus dem Tschad kamen.

Ob wir Muslime seien, wollten sie wissen. Als wir das bejahten, zogen sie sich kurz zurück, um sich zu beraten. Wenig später kam einer von ihnen wieder, entfernte die hölzerne Wegsperre und wies uns an, weiterzufahren. Die Momente des Wartens zuvor waren absolut schrecklich gewesen.

Nur ein kurzes Stück weiter trafen wir bereits auf den nächsten Checkpoint, aber dieses Mal wollte uns niemand befragen. Sie wussten wohl, dass wir bereits durch die erste Kontrolle gekommen waren und ließen uns einfach passieren.

Als wir in Sirte ankamen, war anhand der überall auf den Straßen wehenden Fahnen der islamistischen Gruppierung schnell zu erkennen, dass dieses Gebiet ihre Hochburg war und sie es kontrollierten. Wir waren auf der Schnellstraße, die über Misrata nach Tripolis führt, in Richtung Norden gefahren. Bei einem kleinen Markt an einer Straße im Westen Sirtes hielt der Fahrer an. Dort wartete bereits ein neuer Schleuser auf uns.

Er nahm die Benzinkanister entgegen und befahl uns einzusteigen. Es war ziemlich genau 11 Uhr vormittags und wir hatten noch nichts gegessen. Der Schleuser kaufte zwar etwas für sich zum Frühstücken, uns gab er aber nichts ab.

Dann fuhr er wieder los. Wir waren gerade einmal 50 Kilometer Richtung Osten von Sirte gefahren, als wir erneut auf zwei Checkpoints der Islamisten trafen. Sie hielten den Wagen an, richteten ihre Fragen aber nicht an uns, sondern sprachen nur mit dem Schleuser. Sie wollten wissen, wohin er fahre. Als er angab, er sei auf dem Weg nach al-Dschufra, ließen sie uns durch.

Nachdem wir weitere 75 Kilometer gefahren waren, verließen wir die Verbindungsstraße nach Tripolis über Misrata. Der Fahrer bog auf eine nördlich zur Schnellstraße verlaufende Nebenstraße ab und wir folgten dem Straßenverlauf, bis wir in eine Gegend namens Wadi Zamzam kamen.

16. Wadi Zamzam

Wadi Zamzam liegt rund zwei Autostunden südwestlich von Sirte entfernt. Der Schleuser brachte uns zu einer großen Olivenplantage, auf der er die Menschen versteckte, die er schleuste. Als wir auf der Plantage eintrafen, waren dort schon 40 Menschen aus verschiedenen Ländern untergebracht. Im Unterschied zu uns waren sie aber gerade erst in Libyen angekommen. Nur Gamar, ich und die anderen drei aus dem Tschad waren schon länger im Land.

Nachdem er uns so gegen ein Uhr mittags auf der Plantage abgeliefert hatte, verschwand unser Fahrer zusammen mit den anderen Schleusern und ließ uns allein zurück. Wir fragten die anderen, wie lange man sie schon auf der Plantage festhielt. Manche waren erst seit einem oder zwei Tagen da, andere schon seit einer ganzen Woche. Sie mussten ohne Essen und Trinken im Freien ausharren und auf dem Boden schlafen, der nachts eiskalt wurde. Tagsüber stieg die Temperatur dagegen auf bis zu vierzig Grad! Schatten spendeten nur die Bäume, der Boden war feucht und matschig. Sie waren in einem mitleiderregenden Zustand, ich traute meinen Augen kaum.

Wir wollten wissen, wo die Schleuser seien und was sie ihnen gesagt hätten. Seit einem Tag sei abgesehen von uns niemand mehr zu ihnen gekommen, antworteten sie, und die, die da gewesen wären, hätten lediglich noch mehr Menschen gebracht. Niemand würde sich darum kümmern, ob sie etwas zu essen oder zu trinken hätten.

Es brauchte nicht lange und wir „passten uns an". Uns erging es genau wie ihnen, wir waren in der gleichen Lage. Wir alle hatten Angst und wollten einfach nur weg. Wir saßen beisammen und schauten einander an. Jeder fragte sich, wie es ihn hierher hatte verschlagen können und was er vom Leben noch erwartete, das ihn dazu gebracht hatte, ein derartiges Risiko einzugehen.

Resigniert schlugen wir die Hände über dem Kopf zusammen. Wir waren in einem Land ohne Recht und Gesetz. Nicht einmal einen anerkannten Präsidenten gab es, dessen Anordnungen sich die Menschen untergeordnet hätten. Raub, Mord, Entführung und Lösegelderpressung waren ganz normal für die Schleuser geworden. Ausländer waren für sie nichts weiter als Sklaven, die sie unterdrückten und ausbeuteten. Sie konnten mit ihnen anstellen was sie wollten, niemand würde sie je dafür zur Rechenschaft ziehen. Nicht einmal ihr Gewissen, denn sie hatten keins. Sie kannten keine Menschlichkeit und keine Gnade.

Die Schleuser kümmerten sich nicht im Geringsten um uns. Es gab weder Nahrung noch Wasser. Im Freien sitzend mussten wir Hitze, Kälte, Hunger und Durst trotzen. Wir harrten den Tag über aus, bis gegen vier Uhr nachmittags zwei weitere bis zum Anschlag mit Ägyptern vollgepackte Autos aus Adschdabiya kamen. Es waren fast 20 erschöpfte und verängstigte Männer, die nicht genau wussten, was mit ihnen passieren würde.

Sie waren seit einer Weile die ersten Ägypter, die kamen. Zuvor waren alle ägyptischen Staatsbürger auf Anordnung ihres Präsidenten al-Sisi aus Libyen evakuiert worden, nachdem Extremisten in Sirte das berüchtigte Massaker an ägyptischen Kopten begangen hatten. Nun, vier Monate nach dieser Bluttat, wuchs unsere Gruppe mit den Neuankömmlingen auf ungefähr 70 Personen an. Unter uns waren Menschen aus dem Sudan, aus Ägypten und dem Tschad.

Gegen Abend kamen die Schleuser in drei offenen Toyota-Pickups. Wir wurden in drei Gruppen auf die Autos verteilt. Dann schnappten sich die Schleuser ihre Waffen und wir fuhren los, für jedermann gut sichtbar. Niemand von den Menschen, die neben uns auf der Straße fuhren, stellte Fragen oder hielt die Schleuser an. Sie wussten ganz genau, was die Schleuser taten bzw. vorhatten, aber alle hatten Angst vor ihnen.

Es war eng, wir waren erschöpft, hatten Angst, Hunger und Durst. Die hohe Geschwindigkeit, mit der die Schleuser fuhren, versetzte uns zusätzlich in Panik. Wir befürchteten, dass das Auto in einen Unfall verwickelt werden könnte und wir von der Ladefläche geschleudert würden. Oder dass wir wegen einer Panne anhalten müssten und festgenommen werden würden. Die Furcht vor den denkbaren Schreckensszenarien hatte uns alle fest im Griff.

Nach 20 Minuten Fahrt in Richtung Bani Walid und Tripolis verließen wir die asphaltierte Straße nach Sabha. Wir bogen nach rechts auf einen Geheimweg ab und rasten mit mehr als 170 km/h durch die Wüste. Dabei waren auf jedem Wagen mehr als 25 Menschen! Zuerst lieferten sie sich ein Wettrennen, aber dann hielten wir plötzlich an und die Schleuser begannen ohne Grund auf uns einzuschlagen. Als sie fertig waren, fuhren wir wieder los. Nach ungefähr anderthalb Stunden Fahrt machten wir Halt, um umzusteigen.

Wieder warteten drei Autos auf uns. Die Schleuser kamen aus Bani Walid. Sie waren allesamt nicht älter als 25 Jahre. Einer von ihnen, ein vielleicht sechzehnjähriger Junge, trug eine Kalaschnikow. Damit sollte er uns den Rücken freihalten, falls wir in einen Hinterhalt von Regierungstruppen, Milizen oder Banden geraten würden. Es war aber auch seine Aufgabe, jeden von uns zu töten, der versuchen sollte, zu fliehen. Man hatte uns an diese Schleuser verkauft. Wir waren ihr Eigentum und sie konnten mit uns machen, was sie wollten. Während wir umstiegen, zählten sie uns, um sicherzugehen, dass wir vollzählig waren. Dabei schlugen sie uns wie Vieh, wir waren ihnen vollkommen ausgeliefert.

Die Männer aus Wadi Zamzam hatten ihren Teil erledigt und überließen uns den gnadenlosesten, unmenschlichsten und brutalsten Schleusern, denen ich je begegnet bin. Unsere Odyssee von Ras Lanuf bis Bani Walid hatte nicht einmal 24 Stunden gedauert.

17. Bani Walid

Wenn ich an die Zeit in Bani Walid zurückdenke, zittere ich am ganzen Körper. Schreckliche Erinnerungen an die in den Verliesen der Schleuser vergewaltigten Frauen überwältigen mich und mir kommen die Tränen, wenn ich an die Menschen denke, die von den Schleusern ausgehungert, misshandelt und ausgeraubt wurden und in einem völlig verdreckten Raum direkt neben ihren Ausscheidungen schlafen mussten.

Über die Stadt, die zwischen Tripolis, Misrata und Sabha liegt, weiß ich nicht viel. Für mich besteht sie nur aus diesem verdreckten, abgeschlossenen Raum, in dem ich drei Tage lang eingesperrt war. In dieser Zeit bekamen wir weder etwas zu essen noch zu trinken und an Schlaf war gar nicht zu denken. Wir hatten keine Decken und auch nichts, was wir auf dem Boden hätten auslegen können, um uns darauf zu legen. Wir konnten nicht einmal den Raum verlassen, um uns zu erleichtern. Also mussten wir unser Geschäft dort verrichten, wo wir saßen.

Das Schlimmste waren jedoch die Vergewaltigungen. Die Schleuser missbrauchten die Frauen direkt in unserer Gegenwart. Es waren mehr als 400 Menschen aus verschiedenen Ländern an diesem Ort eingesperrt, aber niemand von uns konnte den Frauen helfen. Die Schleuser vergewaltigten die Frauen nicht nur, sie schlugen sie auch ohne jeglichen Grund. Während die Männer auf verschiedene Zimmer verteilt wurden, waren die Frauen im Freien hinter einer Mauer eingesperrt. Dort mussten sie auch nachts schlafen und tagsüber bei Temperaturen über 40 Grad ausharren.

Aber noch einmal von Anfang an: Die Schleuser aus Wadi Zamzam hatten ihre Aufgabe erledigt und uns dann an die Schleuser aus Bani Walid verkauft, die in der Nähe von

Sabha und Bani Walid mitten im Nirgendwo mit drei Autos auf uns warteten. Nach der Übergabe fuhren sie mindestens vier Stunden lang durch Wüste und bergiges Gebiet, bis sie uns schließlich in ein verlassenes Dorf brachten.

Nur ein paar Schleuser hielten sich in einem der leerstehenden Gebäude auf. Überrascht fragten wir uns, was sie dort wohl tun würden. Wir mussten aus den Autos aussteigen und sofort auf einen großen Muldenkipper der Marke Iveco klettern. Wir waren ungefähr 70 Personen. Dann fuhren wir circa 20 Minuten durch die Wüste, bis wir gegen Mitternacht plötzlich unvermittelt anhielten.

In diesem Moment dämmerte uns, dass die Schleuser eigentlich eine auf den Diebstahl von kupfernen Stromleitungen spezialisierte Bande waren. Als wir auf freiem Feld stoppten, warteten dort bereits zehn bis an die Zähne bewaffnete Männer. Sie hatten ein Gerät dabei, mit dem sie die Kabel zerschnitten. Kaum dass wir zum Stehen gekommen waren, mussten wir von der Ladefläche klettern und wurden aufgeteilt: Einige von uns mussten helfen, die Kabel durchzuschneiden. Die zweite Gruppe sollte die zugeschnittenen Kabel in den Laster laden. Die Männer zerschnitten die Kabel in jeweils ein bis drei Meter lange Stücke. Dann luden wir die fertigen Stücke in den Laster, bis die Ladefläche voll war. Es blieben allerdings zwei weitere Ladungen, die erst noch zurechtgeschnitten werden mussten.

Mehr als drei Stunden schnitten und schleppten wir, dann befahlen uns die Schleuser einzusteigen, um zurückzufahren. Die meisten von ihnen blieben vor Ort, um die restlichen Stromkabel zu zerschneiden. Nur drei der Männer fuhren mit ihren schwerbewaffneten Autos als Begleitschutz hinter uns her, bis wir schließlich wieder das verlassene Dorf erreichten. Ein paar Männer kochten der Bande Abendessen.

Gegen ein Uhr nachts brachen wir erneut auf. Den mit Kupferkabeln vollbeladenen großen Kipplaster ließen wir jedoch im Dorf zurück. Vom Dorf fuhren wir in einem Toyota Richtung Bani Walid. Im Wagen waren circa 25 Personen, alle erschöpft von einer anstrengenden Nacht. Gegen vier Uhr morgens erreichten wir Bani Walid und wurden von den Schleusern auf drei Verstecke in der Stadt verteilt. Ich weiß nichts über die anderen Orte und wie die Menschen dort behandelt wurden, ich kann nur schildern, was ich selbst erlebt habe.

Alle ein bis zwei Stunden kam eine Ladung Migranten dort an. In diesen Verstecken bin ich Menschen aus aller Herren Länder begegnet. Unter anderem kamen sie aus Bangladesch, Somalia, Ägypten, Eritrea, Äthiopien, Mali, Niger, dem Kongo, dem Senegal, den Kap Verden und dem Sudan. Die meisten von ihnen waren Frauen und Kinder.

Die Kinder waren alle noch klein, zwischen sechs Monaten und fünf Jahren alt. Drei Tage mussten wir ohne Essen und Trinken in diesem Versteck hausen. Die Männer wurden in einem großen Gefängnis festgehalten, das eigentlich nichts anderes als eine riesige Latrine war.

In mehreren Räumen vergingen sich die Schleuser an den Frauen. Sie vergewaltigten ihre Opfer abwechselnd in Gruppen, vor unseren Augen und den Augen ihrer Ehemänner. Die Männer weinten wie Frauen und die Frauen weinten wie Kinder. Nur die Kinder, die weinten nicht, als seien sie Männer. Sie verstanden nicht was ihren Müttern widerfuhr. Dass sie in ihrer Nähe waren, war das einzig Wichtige für sie.

Ich glaube, es ist unmöglich ein Schleuserversteck zu finden, in dem es so etwas wie Gnade, Mitgefühl oder Menschlichkeit gibt.

Die meisten Gefangenen mussten bis zu zwei Wochen an diesem Ort durchhalten. Zu unserem Glück blieben wir nur drei Tage dort, dann wurden wir aus Bani Walid herausgebracht. Unsere Pein in diesem Folterkerker hatte am Nachmittag des dritten Tages ein Ende. Noch am Abend des 20. Juli 2015, dem vierten Tag des „Eid al-Fitr", dem Fest des Fastenbrechens direkt im Anschluss an den Fastenmonat Ramadan, fuhr man uns an einen anderen Ort.

Die Schleuser konnten sich in aller Seelenruhe offen mit uns bewegen. Niemand interessierte sich für sie, geschweige denn für uns. Das Schleusergeschäft war in dieser Gegend ein normaler Teil des Lebens in Libyen, eine gute Erwerbsquelle und sogar ein richtiger Beruf geworden.

Die Schleuser zwängten 21 Personen von uns in ihren Toyota und brachten uns an einen Ort, der etwa 20 Minuten von Bani Walid entfernt lag. Dort wollten sie uns an einen anderen Schleuser übergeben, der an der Hauptverbindungsstraße nach Tripolis wartete.

Unser Fahrer hielt plötzlich unvermittelt an und befahl uns, mitten auf der Straße vor den Augen der Passanten und anderen Autofahrer auszusteigen und in den kleineren Wagen des neuen Schleusers zu wechseln, der uns von da an weiterbringen sollte. Nichts blieb uns erspart!

Der Schleuser fuhr noch eine halbe Stunde auf derselben Straße weiter, dann bog er in die Wüste ab. Hinter uns fuhr mittlerweile ein weiteres Auto mit ungefähr 24 Personen an Bord. Es hatte sich irgendwo auf dem Weg an unser Heck gehängt.

Nach ungefähr drei Stunden Fahrt durch die Wüste wurden wir im Nirgendwo zwischen Bani Walid und Tarhuna von anderen Schleusern aus der Region übernommen. Es waren die letzten Schleuser, denen wir übergeben werden sollten.

Damit endete die Etappe Bani Walid und das Kapitel Tarhuna begann.

18. Tarhuna

Tarhuna liegt in der Nähe von Tripolis, zwischen Bani Walid und Zliten. Wir wurden an zwei Schleuser aus der Gegend übergeben, die bereits an einem Abhang auf unsere Ankunft gewartet hatten. Die Ladefläche des Wagens wurde komplett mit einer Plane abgedeckt, unter der wir wie Vieh eingepfercht wurden. Wie aus dem Nichts fingen die Schleuser an, uns mit Knüppeln und Peitschen auf die Köpfe zu schlagen.

Gegen Mitternacht hielt einer der Schleuser seinen Wagen an, kam zu uns herüber und ließ uns alle aussteigen. Unter uns auf der Ladefläche kauerten auch zwei junge Frauen. Er wollte sie holen, um sie zu vergewaltigen. Aber der Fahrer des anderen Wagens war dagegen und sagte, er solle warten, bis wir in Tarhuna angekommen seien.

Auf der Fahrt nach Tarhuna waren wir starr vor Angst. Entlang der Strecke lagen viele Checkpoints und wir fuhren ohne Licht, aber mit hoher Geschwindigkeit. Die ganze Zeit über waren wir unter der Plane mit Seilen eingeschnürt und konnten rein gar nichts sehen.

Nach zwei Stunden Fahrt kamen wir in ein entlegenes Gebiet mit einigen Feldern. Dort befand sich ein weiteres Versteck der Schleuser, in dem bereits 150 andere Menschen untergebracht waren. Fünf Minuten nach unserer Ankunft begannen die Schleuser, einen nach dem anderen von uns zu verprügeln, und nahmen uns unsere Telefone und alles andere, was wir bei uns hatten, weg. Dann griffen sie sich die zwei jungen Frauen und schleppten sie in eine rund 200 Meter weit von uns entfernte Hütte. Ich sah sie nie wieder!

Als eine der Wachen uns etwas Nudeln brachte, hatten wir bereits seit vier Tagen nichts mehr gegessen. Bloß kochen konnten wir sie nicht, denn dafür gab es kein Gas. Wir waren halbtot vor Hunger und nachts war es klirrend kalt. Tagsüber erreichte die Hitze im Inneren dagegen unerträgliche 40 bis 45 Grad, zumal es keine Möglichkeit gab zu lüften.

In diesem Versteck sah ich Foltermethoden, die die Vorstellungskraft übersteigen. Manche, die geschleust wurden, mussten zusätzliche Summen zahlen. Hatten sie nicht genug Geld dabei, wurden sie gefoltert. Dann riefen die Schleuser ihre Familie oder ihre Freunde an und erpressten die Summe von diesen.

Mein Freund Gamar und ich hatten ja bereits bezahlt und zum Glück wurden wir nicht gründlich durchsucht. So fanden sie das Geld nicht, das wir in unseren Unterhosen versteckt hatten.

Nachdem wir anderthalb Tage in Tarhuna festgehalten worden waren, brachten uns die Schleuser schließlich nach Zliten.

19. Zliten

Zliten liegt zwischen Tarhuna und Tripolis. Die Schleuser fuhren uns zu einer Melonenplantage in der Nähe von Zliten. Glücklicherweise gab es dort einen sudanesischen Arbeiter, zu dessen Aufgaben auch die Bewachung der Plantage gehörte. Als er uns sah und hörte, dass wir seit fünf Tagen nichts mehr gegessen hatten, bekam er Mitleid. Da die Melonenplantage einem der Schleuser gehörte, schlug unser sudanesischer Bewacher vor, einer von uns solle mit ihm gehen, um Melonen zu holen.

Dankbar für das Angebot, ging einer von uns mit ihm aufs Feld, um die Melonen zu holen. Später brachte er uns sogar Nudeln und einen kleinen Gaskocher. Seine Brüder aus der Heimat würde er nicht verhungern lassen, sagte er. Er erzählte uns, dass er in der Nacht zuvor von den Brüdern des Plantagenbesitzers bedroht worden war. Sie hatten ihm den Schlüssel für die Gefangenenbaracke abgenommen und denen, die zu diesem Zeitpunkt darin untergebracht waren, all ihre Habseligkeiten weggenommen. Dem Besitzer hatte er noch nichts von dem Vorfall sagen können, denn wenn seine Brüder Wind davon bekämen, würden sie ihn töten. Also bat er uns, an diesem Tag besonders vorsichtig zu sein.

Natürlich bekamen wir Angst, als er uns das erzählte, und machten deswegen nachts kein Auge zu. Aber immerhin hatten wir uns an den Nudeln sattgegessen. Damit hatte uns unser Bewacher das Leben gerettet und ich bin ihm dafür sehr dankbar!

Unsere Gruppe, sechs Menschen aus dem Niger und elf aus dem Sudan, verbrachte eine Nacht in dieser Baracke. Am Morgen kam der Schleuser, dem die Plantage gehörte. Er rief die Namen derer auf, die die vereinbarte Summe bereits vollständig gezahlt hatten. Neben Gamar und mir waren es drei weitere Personen. Er holte seinen Wagen und brachte uns in sein Haus im Zentrum von Zliten, wo wir ausharren mussten, bis wir zu unserer nächsten Station aufbrechen konnten.

20. Wadi Alrabie

Wadi Alrabie ist der Name eines Stadtteils in Tripolis. Nachdem der Plantagenbesitzer Gamar, mich und die drei anderen in sein Haus in Zliten gebracht hatte, sollte dieses Viertel meine letzte Station in der Welt der Schleuser sein. Von dort aus würde ich mich aufmachen, meine Freiheit und meine Würde zurückzuerlangen.

Im Haus des Plantagenbesitzers in Zliten hielten sich mehrere Schleuser auf. Unter ihnen war ein junger Mann von höchstens 17 Jahren, möglicherweise war es sein Bruder, vielleicht auch sein Sohn. Auf jeden Fall schien es, als stünden sie in einer verwandtschaftlichen Beziehung zueinander. Er gab diesem Jungen den Auftrag, zuerst uns und dann diejenigen, die noch auf der Plantage waren, nach Tripolis zu fahren.

Kurz darauf machten wir uns auf dem Weg. Während der Fahrt rief der junge Schleuser einen Freund an und versuchte ihn davon zu überzeugen, uns gemeinsam zu entführen, um Lösegeld zu erpressen. Wir verstanden allerdings den libyschen Dialekt sehr gut und so hörten wir genau hin. Es machte den Eindruck, als wäre sein Komplize nicht bereit, so kurzfristig einzusteigen, und lehnte daher ab. Doch unser junger Fahrer gab noch nicht auf.

Er schien alle Checkpoints in Tripolis in- und auswendig zu kennen und umfuhr sie geschickt, bis wir ein Viertel namens Wadi Alrabie erreichten. Wir bemerkten schnell, dass die meisten Bewohner des Viertels Ausländer zu sein schienen, die im Futtermittelhandel arbeiteten. Das gab uns ein Gefühl der Sicherheit. Wir fassten den Entschluss, nicht mehr mit dem Schleuser weiterzufahren und stattdessen so schnell wie möglich aus dem Auto zu flüchten.

Wir verlangten von ihm, den Wagen anzuhalten. Er war merklich überrascht, denn offensichtlich hatte er nicht damit gerechnet, dass wir ihn zu so etwas auffordern könnten, bevor wir an unserem eigentlichen Ziel ankamen.

Ihm war allerdings klar, dass er allein nichts gegen uns ausrichten konnte, und ich denke, er hatte sogar ein bisschen Angst. Also stoppte er. Wir stiegen aus, ohne ein Wort zu sagen. Dann gingen wir ein Stückchen weiter, damit der Schleuser uns nicht so einfach wiederfinden konnte. Wir versteckten uns in einer Traube ausländischer Tagelöhner, die gerade zusammenstanden und auf Arbeit warteten. Kurze Zeit später lösten wir uns aus der Gruppe, ohne dass wir auch nur ein Wort mit ihnen gewechselt hätten. Wir wussten nicht was wir machen sollten oder wohin wir hätten gehen könnten. Keiner von uns war je in Tripolis gewesen.

Aber wir hatten Glück: Wir erspähten einen Sudanesen bei einem Geschäft für Futtermittel ganz in der Nähe. Wir gingen zu ihm herüber und sprachen ihn an. Er grüßte uns freundlich, bot uns seine Gastfreundschaft an und holte uns Saft und Tee. Er erkundigte sich, was unser Ziel sei. Wir erzählten ihm, dass wir über das Mittelmeer nach Europa wollten, aber niemanden in Tripolis kannten, weil wir uns gerade erst aus den Fängen der Schleuser befreit hatten. Er entgegnete, dass er einen Mittelsmann kenne, der in Espiia arbeitete.

21. Espiia

Nach unserem Gespräch rief der sudanesische Händler einen Taxifahrer an, den er kannte, und bat ihn, uns nach Espiia zu fahren. Als der Taxifahrer kam, verlangte er 30 Dinar für die Fahrt nach Espiia. Nachdem wir die Summe im Voraus gezahlt hatten, rief er wiederum einen sudanesischen Bekannten an, der in einem Obst- und Gemüseladen in Espiaa arbeitete und als Mittelsmann für die Schleuser fungierte. Der Taxifahrer fuhr uns direkt zum Obst- und Gemüseladen. Sein sudanesischer Bekannter nahm uns mit zu sich nach Hause und ließ uns die nächsten zwei Tage bei sich unterkommen.

Als wir darüber sprachen, dass wir versuchen wollten, über das Meer nach Europa zu kommen, sagte er, dass uns das 3000 Dinar kosten würde. Wir fanden die Summe zu hoch und schafften es, ihn auf 2300 Dinar herunterzuhandeln. Außerdem gaben wir im weitere 1000 Dinar, die er für uns in Euro umtauschte.

Am Morgen des dritten Tages kontaktierte er dann einen Schleuser, der von Zuwara aus die Fahrt nach Italien über das Mittelmeer organisierte. Der Schleuser schickte uns einen Komplizen mit einem Taxi. Aber einer unser Mitflüchtlinge hatten keinen Pass dabei. Der Schleuser nahm ihn nicht mit und fuhr nur mit uns übrigen Vier los.

Auf dem Weg nach Zuwara mussten wir durch einen sehr strengen Checkpoint. Die Soldaten ließen uns aussteigen und brachten uns zur Befragung in einen der Räume im Inneren des Kontrollpunkts. Sie sammelten alle unsere Ausweise ein und wollten wissen, wo wir herkämen und wo wir hinwollten. Der Fahrer hatte allerdings mit all diesen Fragen gerechnet und uns im Vorfeld instruiert: Wenn wir auf dem Weg kontrolliert würden, sollten wir sagen, wir seien auf dem Weg nach Tunesien und von da aus würden wir in den Sudan weiterreisen.

Genau diese Antwort gaben wir den Soldaten am Kontrollpunkt dann auch. Tunesien war ja tatsächlich nicht weit entfernt von uns, da wir uns in der Nähe des Grenzübergangs Ras Ajdir befanden. Insofern war unsere Aussage für die Soldaten offenbar überzeugend und da wir außerdem unsere Pässe dabei hatten, ließen sie uns nach einer zehnminütigen Befragung weiterfahren.

Der Fahrer hatte währenddessen mit seinem Taxi auf der anderen Seite des Kontrollpunkts gewartet. Wir stiegen wieder ein und fuhren los. Da wir jedoch auf der Strecke vor uns mehrere Checkpoints hätten passieren müssen, drehte der Fahrer in Richtung Westen ab. In der Nähe des westlichsten Kontrollpunktes der Stadt ließ er uns wieder aussteigen und kontaktierte den Schleuser aus Zuwara. Der Schleuser, der nicht älter als 19 Jahre war, versicherte uns, dass wir keine Angst vor dem Checkpoint haben müssten. Da er selbst dort arbeitete, würden sie uns keine Probleme machen. Und tatsächlich bretterte unser Fahrer einfach durch den Kontrollpunkt, ohne seine Kollegen auch nur zu grüßen.

Bevor er zu unserer Unterkunft fuhr, machte er noch einen Abstecher zu einem anderen Versteck, in dem er eine Gruppe von Frauen, Kindern und Jugendlichen aus dem Niger untergebracht hatte. Die Gruppe, die ebenfalls über das Mittelmeer geschleust werden sollte, war in einem sehr schlechten körperlichen Zustand.

Dann fuhren wir zu einer Unterkunft direkt im Hafenviertel. Sie würde für die nächsten Tage unsere Bleibe sein.

22. Zuwara

Die Stadt Zuwara liegt im äußersten Westen Libyens. Durch die instabile Sicherheitslage des Landes und aufgrund der relativen Nähe zu Italien hat sich der Hafen der Stadt zu einem Knotenpunkt für die Schleusung von Migranten nach Europa entwickelt.

Nachdem uns der Schleuser aus Zuwara am letzten Checkpoint von Tripolis übernommen hatte, fuhr er uns in die Stadt und machte einen Schlenker zum Hafen. Dort brachte er uns schließlich zu einem verlassenen Gebäude. Nur Sudanesen und syrische Familien würden in den Genuss kommen, hier Unterschlupf zu finden, sagte uns der Schleuser. Was er eigentlich meinte, war jedoch, dass wir lediglich dort unterkamen, weil er abwarten musste, bis er genug Menschen zusammenhatte, die er auf einen Schlag nach Europa schleusen konnte.

Bevor er uns in dem verlassenen Gebäude zurückließ, wies er uns noch auf den kleinen Gemischtwarenladen in der Nähe hin, in dem wir alles Notwendige kaufen könnten. Falls jemand fragen würde, wer wir seien, sollten wir erklären, dass wir zu dem Besitzer des größten landwirtschaftlichen Betriebes in Zuwara gehörten.

Nicht weit entfernt gäbe es auch eine Möglichkeit, Trinkwasser zu holen. Dort würde niemand auf uns achten. Nachdem er gegangen war, schauten wir uns im Haus ein wenig um. Es gab vier Zimmer, die bis unter die Decke mit Frauen-, Männer- und Kinderbekleidung vollgestopft waren. Offenbar hatte das Haus schon für tausende Menschen als Zwischenstation auf dem Weg nach Europa gedient. Allah allein weiß, ob sie es geschafft haben oder ertrunken sind.

Zu unserer Überraschung fanden wir auch Ausweise von ägyptischen Seeleuten, die auf dem großen Schleuserschiff gearbeitet hatten, das ich zuvor während meiner Zeit in Bishr im Fernsehen gesehen hatte. Die 700 Menschen an Bord konnten allesamt gerettet werden, als es während der Überfahrt aufgegriffen wurde. Offenbar hatten die ägyptischen Besatzungsmitglieder des Schiffes in diesem Haus übernachtet.

Am ersten Tag waren wir noch zu fünft im Haus untergebracht. Tags darauf wuchs die Gruppe dann auf zwölf Personen an, alle aus dem Sudan. Insgesamt verbrachten wir fünf Tage in diesem Haus, vom 26. bis zum 30. Juli 2015.

Die Schleuser hatten die Fahrt für den 31. Juli angesetzt. Um acht Uhr abends fuhren sie mit einem großen Kühllaster für Fischtransporte vor. Auf der Ladefläche befanden sich bereits ungefähr zehn Frauen aus Syrien mit ihren kleinen Kindern und 20 junge Männer aus Marokko. Dazu kamen schließlich noch wir zwölf.

Wir saßen alle zusammen im Kühlraum des Lasters, dessen einzige Tür von außen abgeschlossen wurde. Luft zum Atmen kam nur durch einen kleinen Ventilator an der Wand. Die Kinder im Wagen waren nicht älter als acht Monate. Alle hatten unvorstellbare Angst. Wir standen dicht an dicht gedrängt, ich fühlte mich wie in einem Grab. Die Kinder schrien herzzerreißend, weil ihnen das Atmen in dem Gedränge schwerfiel. Schon nach kurzer Zeit konnten ihre Mütter vor lauter Erschöpfung kaum noch stehen.

Nach ungefähr einer halben Stunde Fahrt erreichten wir den Treffpunkt am Meer. Bei unserer Ankunft saßen dort schon rund 500 Personen in einem großen Lagerraum auf dem Sand. Daneben waren zwei Räume voller Frauen und Kinder. Ich weiß nicht, wie viele es genau waren, aber es hätte sicher niemand mehr hineingepasst. Überrascht über die vielen Menschen setzten wir uns zu den anderen und blickten uns erstaunt an. Manche weinten, andere lachten hysterisch. Während einige beteten und Allah um Hilfe oder Vergebung baten, waren andere mucksmäuschenstill. Manche schienen in Gedanken versunken, teilnahmslos schweiften ihre Blicke in die Ferne. Wieder anderen sah man an, dass sie es bereuten, gekommen zu sein. Es war offensichtlich: Alle waren verzweifelt und hatten Angst.

Mich belastete vor allem, was mit den Frauen passierte, die mit uns im Lkw gekommen waren. Unter ihnen waren junge Frauen, die die Schleuser von ihren Familien trennten, nachdem sie uns aus dem Laderaum geholt hatten. Dann brachten sie sie in einen anderen, nicht weit von uns entfernten Raum, wo sie brutal vergewaltigt wurden. Die Frauen weinten heftig und schrien verzweifelt um Hilfe, aber keiner von uns reagierte auf ihre Schreie. Keiner von uns war im Stande zu helfen. Ich fragte meinen Nebenmann, ob er die Schreie auch höre. Er hörte sie, sagte aber, dass wir nichts ausrichten könnten. Auch wenn es unendlich schmerzlich war, er hatte leider Recht. Wir konnten absolut nichts tun!

In jener Nacht verhielt ich mich feige. Es waren mehr als 700 Männer dort in jener Nacht und keiner von uns traute sich, den Frauen zu helfen, die vor unseren Augen vergewaltigt wurden. Wir waren schwach, hilflos und gedemütigt. Menschen ohne Mut, nicht Manns genug. Beim Schreiben dieser Zeilen überkommen mich die Tränen. Ich weine wegen der Qualen, die diese Frauen erleiden mussten, und ich weine, weil ich nicht mutig genug war, um ihnen zu helfen. Ich möchte sie an dieser Stelle um Vergebung bitten: Es tut mir unendlich leid, dass ich mich nicht für euch geopfert habe, als es meine Aufgabe gewesen wäre.

*

Ich habe an diesem Tag viel nachgedacht und wusste, dass es vielleicht mein letzter Tag auf Erden sein würde. Ich würde diese Welt vielleicht hinter mir lassen. Ich rang mit dieser Erkenntnis, bis ich schließlich Klarheit hatte: In dieser Nacht war ich bereit, dem Tod ins Auge zu schauen, um zu leben. Mir war klar, dass die Fahrt über das Meer ein hohes Risiko darstellte und der Tod mitfuhr.

Wir mussten ungefähr sechs Stunden an diesem Ort irgendwo am Meer ausharren. Zu jeder vollen Stunde brachte ein neuer Kühllaster weitere Ladungen, bis wir schließlich über 1000 Menschen waren und es hieß, in der Umgebung wären noch mehr versteckt. Dann fuhren plötzlich vier leere Kühllaster vor, die uns zu einem dreistöckigen Gebäude in Zuwara transportierten, das sich noch im Bau befand. Es war ein riesiges, weitläufiges Haus mit Blick aufs Meer.

Die Frauen wurden im Erdgeschoss untergebracht, die Männer auf die zweite und dritte Etage verteilt. Es war schon gegen vier Uhr morgens. Ohne dass die Schleuser etwas sagen mussten, war uns daher klar, dass die Überfahrt verschoben worden war. Die Stimmung im Haus war gedrückt, niemand wusste, was uns erwartete.

Am nächsten Mittag kam einer der Schleuser und erklärte, dass sie die Fahrt wegen der ungünstigen Wetterverhältnisse verschoben hatten. Seine Begründung war merkwürdig, denn wir wussten genau, dass den Schleusern das Wetter vollkommen egal war. Der Schleuser bot uns zudem Rettungswesten an, für die wir jedoch 50 Euro zahlen sollten. Die Summe musste natürlich im Voraus bezahlt werden. Alle zwölf aus meiner Gruppe gaben ihm das Geld und der Schleuser machte sich auf den Weg, um sie zu holen – zumindest behauptete er das.

Als er nach einer Weile immer noch nicht zurückgekommen war, riefen wir ihn an. Er versicherte uns, er würde uns die Westen kurz vor dem Aufbruch am Strand geben. Gegen sieben Uhr abends kamen die Schleuser dann erneut mit ihren Kühllastern, um uns, nach Herkunftsländern in Gruppen aufgeteilt, zurück an den Strand zu bringen.

Die Frauen, die am Vorabend von den Schleusern vergewaltigt wurden, durften allerdings nicht mit uns mit. Ihre Überfahrt wurde verschoben. Als wir losfuhren, schauten sie uns hinterher. In ihren Augen lag der Blick eines letzten und endgültigen Abschieds. Wir weinten, schrien und flehten die Schleuser an, die Frauen mit uns fahren zu lassen. Sie taten mir unendlich leid, aber es gab nichts, was ich tun konnte. Die Schleuser hatten uns vollkommen in ihrer Gewalt. Die Schleuser schlossen die Tür des Kühlraums und der Laster setzte sich in Richtung Strand in Bewegung. Danach habe ich diese Frauen nie wieder gesehen.

Nachdem wir am Strand angekommen waren, warteten wir auf den Schleuser mit den Rettungswesten. Das Warten war vergebens, er hatte uns angelogen und betrogen. Aber wir wussten auch, dass unser Überleben ohnehin allein in den Händen des Allmächtigen lag. Heißt es doch im Koran: „Wer auf Allah vertraut, dem genügt Er.“ Wir würden auch ohne Rettungswesten überleben, so es denn Allahs Plan für uns war. Denn im Koran steht auch: „Auf Allah verlassen sich die Gläubigen.“

Etwa 100 Meter vom Meer entfernt standen ganz in unserer Nähe Kartons mit Wasser und Saft. Einer der Schleuser wies uns an, jeweils einen zu nehmen und dann damit ins Meer zu gehen. Wir taten, was er gesagt hatte, und liefen Richtung Meer.

Als wir näher ans Wasser herankamen, sahen wir in weiterer Entfernung ein Licht auf dem Meer. Es war unser Boot für die Überfahrt. Direkt am Wasser standen mehrere schwer bewaffnete Schleuser, die uns antrieben, schneller zu machen und ins Wasser zu waten.

Mit den Kartons auf der Schulter liefen wir ins eiskalte Wasser. Als wir rund 200 Meter ins Meer hinein gewatet waren, ging uns das Wasser schon bis zur Brust. Wir bekamen es mit der Angst zu tun und hielten an. Dann tauchten aus der absoluten Dunkelheit plötzlich zwei kleine Schnellboote der Schleuser auf, die aus der Richtung des Lichtkegels auf uns zukamen.

Die ägyptischen Schlepper auf den Schnellboten hievten uns hinein, bis auf jedem Boot fast 40 Menschen waren. Dann fuhren wir in Richtung des Lichts. Weil die kleinen Boote völlig überladen waren, schwappten die Wellen ins Innere und wir mussten das Wasser aus dem Innenraum schöpfen. Fast wären wir untergegangen, aber zum Glück erreichten wir das große Schiff für die Überfahrt gerade noch. Allerdings mussten wir nun erkennen, dass es uralt war.

Mithilfe eines Seils stiegen wir an Bord. Oben angekommen warteten bereits fünf weitere ägyptische Schleuser, die uns sofort unter Deck brachten. Das Schiff hatte zwei Hohlräume, in denen normalerweise Fisch gelagert wurde. Die Schleuser verteilten jeweils 100 Personen auf einen Raum. Wir konnten kaum atmen, so stickig war die Luft im Raum. Zum Glück hatten wir das Wasser dabei. Wir schütteten es uns über den Kopf, um nicht das Bewusstsein zu verlieren. Der knapp 50 Quadratmeter große Raum hatte nur einen einzigen Zugang. Er war der einzige Weg rein und raus und darüber hinaus die einzige Frischluftzufuhr. Wir versuchten, aus diesem Grab wieder herauszukommen, aber die Schleuser hatten den Zugang bereits versperrt. Wir protestierten und schrien lautstark, denn wir hatten alle Angst in diesem Loch zu sterben.

Ich weiß nicht, wie viele Menschen letztendlich tatsächlich im Inneren des Schiffs erstickt sind, aber nicht wenige von uns waren in einem sehr, sehr schlechten Zustand. Das galt ganz besonders für die Kranken, die Alten sowie die Frauen und Kinder.

Es begann ein Hauen und Stechen um die Plätze in der Nähe der Luke, durch die frische Luft in den Raum kam. Nicht alle hatten die Kraft und die nötige Energie, um sich bis dorthin durchzukämpfen. Jeder sehnte sich danach, nur kurz im Strom der Frischluft zu stehen und wenigstens einmal tief durchzuatmen, um nicht zu krepieren.

Ich war so entkräftet, dass ich nicht mehr richtig hören und sehen konnte. Ich war sogar zu schwach, um meine Hand zu heben oder meine Füße zu bewegen. Allah sei Dank war mein Freund Gamar bei mir und rettete mir das Leben. Er blieb an meiner Seite und wann immer es ging, holte er Wasser und ließ es mir über den Kopf laufen, damit ich wach blieb.

Wer versuchte, nach oben an Deck des Schiffs zu gelangen, fing sich von den ägyptischen Schleusern heftige Schläge auf den Kopf ein. Ihre eigentliche Hauptaufgabe war es aber, uns ihm Hohlraum so zu verteilen, dass wir keine Schieflage bekamen.

Gegen 3:30 Uhr am Morgen des 1. August, sechs Stunden nachdem die Schleuser begonnen hatten, das Schiff zu beladen, waren wir 651 Menschen an Bord und kein einziger Platz war mehr frei. Dann verließen die ägyptischen Schleuser das Schiff, stiegen in ihre Schnellboote und machten sich in Richtung Strand davon. Die libyschen Schleuser hatten uns lediglich an den Strand gebracht. Danach hatten die Ägypter ihren Teil des Jobs ausgeführt und uns auf das Schiff verfrachtet.

Bereits kurz nachdem die Schleuser ihre Aufgabe erledigt hatten und die Luke zum Deck wieder geöffnet hatten, setzten wir uns in Bewegung. Das Schiff schaukelte nach links und rechts, während wir einen letzten Blick auf die Schleuser und Libyen warfen.

Ich musste weinen. Einerseits vor Glück, immerhin ließ ich Libyen hinter mir, das in den 19 Monaten, die ich dort verbracht hatte, größtenteils ein einziger Albtraum gewesen war. Anderseits war ich traurig und weinte in der Sorge, dass wir vielleicht schon bald sterben würden und ich meine Mutter, meinen Vater, meine Geschwister, meine Verwandten und auch meine Freunde und Bekannten nie wieder sehen würde. An sie alle dachte ich in dem Bewusstsein, dass ich sie an jenem Tag vielleicht verlassen würde.

Das Schiff kämpfte so sehr mit den Wellen, dass ich das Gefühl bekam, den Verstand zu verlieren oder ohnmächtig zu werden. Ich fragte mich in diesen Momenten, was mich dazu gebracht hatte, all das auf mich zu nehmen und mich auf diese unendlichen Weiten zu begeben.

Um uns herum war weit und breit nichts zu sehen, außer dem Blau des Himmels und des Meeres, die zuweilen zu verschmelzen schienen. Wanderte der Blick nach links oder rechts, konnte es aber passieren, dass er plötzlich einen lächelnden Säugling oder eine schwangere Frau im siebten oder achten Monat traf, die sich vor Schmerzen krümmte.

Ich versuchte so stark zu sein wie möglich. Anstatt zu zweifeln, vergewisserte ich mich meines Glaubens und bemühte mich, mit aller Kraft durchzuhalten. Doch all das änderte eines nicht: Unser Leben hatten wir nicht mehr in der Hand, es gab kein Entkommen mehr. Wir mussten den Tatsachen ins Auge sehen, dass man uns entweder retten würde oder wir ertrinken müssten.

So fuhren wir bis zum Mittag über das Meer. Auf dem Meer sahen wir nichts, außer gekenterte Flüchtlingsboote und Kleidungsstücke, die auf der Wasseroberfläche trieben.

Um sie herum kreisten weiße Haie, während unserem Schiff Delfine folgten, die fröhlich auf den Wellen zu tanzen schienen.

Vor lauter Durst begannen wir mit Hilfe unserer Kleidung Salzwasser aus dem Meer zu trinken. Wir tunkten den Stoff ins Wasser, um ihn dann auszuwringen. Der Salzgehalt des Meerwassers war allerdings sehr hoch und es hatte einen bitteren Geschmack.

Gegen Mittag sahen wir in einigen Meilen Entfernung große Handelsschiffe, aber sie machten keinerlei Anstalten, uns zu retten. Zum Glück hatten unser Steuermann und sein Gehilfe ein Satellitentelefon dabei, mit dem sie die Seenotrettung kontaktierten. Der Gehilfe sprach perfekt Italienisch. Aber die Seenotrettung konnte uns nicht orten. Sie versicherten, dass sie ein Suchflugzeug losschicken würden. In der nächsten Stunde tat sich jedoch nichts, kein Flugzeug war in Sicht. Also kontaktierte der Gehilfe erneut die Seenotrettung über das Satellitentelefon, dessen Batterie langsam zur Neige ging. Sie erkundigten sich, ob es irgendetwas Auffälliges in unserer Nähe gäbe, mithilfe dessen unser Standort bestimmt werden könnte. In der Tat befand sich nicht weit von uns eine kleine Bohrinsel. Anhand dieser Information könnten sie uns sicherlich finden, funkten sie zurück. Wir sollten den Kurs beibehalten und durchhalten, sie würden weiter nach uns suchen, bis sie uns geortet hätten. Nur kurze Zeit später hörten wir schon das Geräusch eines Flugzeugs über unseren Köpfen. Uns fiel ein riesiger Stein vom Herzen. Während einige vor Freude tanzten oder wild gestikulierend um Hilfe riefen, mussten andere vor Erleichterung weinen.

Jeder von uns freute sich auf seine eigene Art und Weise und wir waren so ausgelassen, dass wir beinahe das Boot zum Kentern gebracht hätten. Auch unser Steuermann und sein Gehilfe mischten sich unter uns. Angeblich war der Treibstoff ausgegangen, aber ehrlich gesagt, bezweifle ich das. Ich denke, dass sie wahrscheinlich Angst hatten, verhaftet zu werden und deshalb die Brücke verließen und sich uns anschlossen. Das taten sie aber erst, nachdem der Gehilfe des Steuermannes das Satellitentelefon ins Meer geschmissen hatte. Dass sie das Steuer verlassen hatten, brachte uns in eine missliche Lage. Wir fuhren nicht mehr zielgerichtet, sondern folgten nur noch der Strömung und den Wellen.

Als auch das Flugzeug abdrehte, waren wir verunsichert. Das Schiff trieb manövrierunfähig im Meer und der Steuermann weigerte sich, wieder ans Ruder zu gehen. Obendrein hatte der Durst bereits viele von uns ausgelaugt, die Kinder schrien und die Mütter weinten. Alle an Bord hatten Angst. In diesem Moment beteten wir alle – unabhängig von Religion, Hautfarbe, Nationalität, Muttersprache, Ethnie und Kultur – zu ein und demselben Gott, denn wir wussten, unser Schicksal lag in seiner Hand.

17 Stunden waren wir bereits auf dem heruntergekommenen Kahn, als sich uns kurz vor Sonnenuntergang ein Handelsschiff unter türkischer Flagge näherte und dann mehrmals abdrehte, nur um sich erneut zu nähern. Während uns das türkische Schiff mit einem Sicherheitsabstand vorsichtig folgte, hatte unser Kahn bereits schwer mit den Wellen zu kämpfen und lag zusehends tiefer im Wasser. Dann tauchte plötzlich ein weiteres Schiff auf, das unter der Flagge der Europäischen Union und Italiens fuhr. Da wussten wir, dass unsere Rettung nur noch eine Frage der Zeit sein würde.

Es war eine surreale Szenerie: Vor lauter Erleichterung umarmten wir uns gegenseitig und wieder fingen einige an, vor Freude zu weinen oder zu tanzen, während andere in schallendes Gelächter ausbrachen. Ein paar Menschen an Bord waren aber auch dem Verdursten schon so nahe, dass sie das Bewusstsein verloren hatten. Ich wusste jedoch, dass es noch nicht Zeit zum Jubeln war. Erst einmal mussten wir gerettet werden. Sobald ich auf dem Rettungsschiff wäre, würde all die Anspannung von mir abfallen und das Glücksgefühl könnte mich durchströmen. Aber erst dann, denn ich wusste, dass auf den Flüchtlingsbooten viele ausgerechnet während der Bergungsoperationen ertranken.

Das Schiff ließ zügig zwei schnelle Rettungsboote zu Wasser, die sie dann mit Schwimmwesten beluden. Dann näherten sie sich uns von beiden Seiten. Sie versuchten, beruhigend auf uns einzuwirken, um uns dazu zu bringen, uns gleichmäßig an Bord zu verteilen. Damit wollten sie verhindern, dass das Schiff Schlagseite bekommt.

Aber keiner von uns konnte ruhig bleiben. Alle wollten zuerst gerettet werden und unternahmen alles, um die Retter auf sich aufmerksam zu machen. Zum Glück hatte die Rettungsmannschaft viel Erfahrung mit solchen Situationen. Sie teilten als Erstes die Schwimmwesten strategisch unter uns auf und begannen dann mit der Bergung, einer nach dem anderen. Zuerst die Frauen und die Kinder, dann die Männer. Weil wir so viele waren, mussten sie die Geborgenen letztlich in zwei Gruppen aufteilen. Dreiviertel von uns wurden auf das große Schiff unter der Flagge der Europäischen Union evakuiert. Die übrigen nahm das türkische Handelsschiff auf. Bevor sie sich mit uns auf den Weg machten, setzten sie noch das Boot in Brand, mit dem wir gekommen waren.

Man kümmerte sich auf dem Schiff sehr gut um uns, obwohl es offensichtlich war, dass es nur mit begrenzten Ressourcen ausgestattet war. Die Crewmitglieder leisteten Erste Hilfe und versorgten uns mit Essen und Trinken. Sie taten alles, was in ihrer Macht stand, damit es uns so gut wie möglich ging und behandelten uns mit einer Güte und Menschlichkeit, die ich in Libyen nie erlebt hatte. Sie sprachen uns Mut zu und versicherten uns, dass wir alle wohlbehalten ankommen würden. Zwei Tage nach der Rettungsaktion, also vier Tage nachdem wir in die kalten Fluten des Mittelmeers gewatet waren, kamen wir auf der italienischen Insel Sizilien an.

Die zweite Gruppe brachte das türkische Handelsschiff auf die italienische Insel Lampedusa. Nachdem wir bei der Bergung getrennt worden waren, sahen wir sie nie wieder.

23. Italien

Wir kamen am 3. August 2015 gegen zehn Uhr morgens auf Sizilien an. Nachdem wir das Schiff verlassen hatten, wurden wir von Vertretern verschiedener Menschenrechts- und Hilfsorganisationen, die sich um Migranten und Geflüchtete kümmern, in Empfang genommen. Außerdem waren Sanitäter, Polizisten und Journalisten vor Ort. Wir wurden mit Essen und Trinken versorgt und bekamen Kleidung und Schuhe.

Anschließend wurden wir registriert und fotografiert. Gegen ein Uhr mittags kamen dann Busse, die uns auf verschiedene Regionen in Italien verteilen sollten. Nachdem wir Proviant für die Fahrt erhalten hatten, stiegen wir ein und fuhren ab. Unterwegs hielt der Fahrer alle zwei bis drei Stunden an, um Pause zu machen und verteilte weiteren Proviant an uns. So fuhren wir weiter, bis wir am Nachmittag des folgenden Tages Mailand erreichten.

Dort wurden wir in einer Erstaufnahmeeinrichtung für Flüchtlinge und Migranten untergebracht, die bereits sehr voll war. Eine halbe Stunde nachdem wir in unserer Unterkunft angekommen waren, brachte man uns in ein nahgelegenes Krankenhaus. Gleich als Erstes wurden wir vom Personal geduscht! Seit meiner Beschneidungszeremonie mit acht Jahren hatte ich es nicht mehr erlebt, dass mir ein anderer Mensch Wasser über den Kopf laufen ließ und meine Haare wusch, während ich vor ihm duschte.

Nach dem Duschen wurden wir ärztlich untersucht, bevor wir uns wieder auf den Weg zurück machten. Während der Fahrt wurden wir willkürlich auf verschiedene Aufnahmeeinrichtungen verteilt. Dabei wurden Freunde und Weggefährten und in einigen Fällen sogar Familien voneinander getrennt. Glücklicherweise konnten Gamar und ich auch dieses Mal zusammenbleiben. Viele von denen, die mit uns ihm Bus saßen, wurden direkt in ihre neuen Unterkünfte gebracht, sodass mit uns am Ende noch ungefähr 20 Personen übrigblieben.

Der Bus fuhr uns dann zu einer Polizeiwache. Eigentlich sollten dort unsere Fingerabdrücke genommen werden, aber weil es bereits relativ spät war, vertrösteten die diensthabenden Beamten den Fahrer auf den nächsten Tag. Sie würden uns vom „Camp" abholen, um die Fingerabdrücke auf der Wache zu registrieren.

Also brachte der Fahrer uns erst einmal wieder zurück ins „Camp", das mittlerweile noch voller geworden war. Jeder bekam ein Zimmer und ein Bett zugewiesen und erhielt von den Mitarbeitern die notwendigen Hygieneartikel.

Nachdem wir uns etwas eingerichtet hatten, erkundeten wir die Umgebung. In der Nähe des „Camps" unterhielten wir uns mit einer Gruppe anderer Migranten darüber, wie lange sie bereits dort waren. Einige waren bereits seit einem Jahr im „Camp", weil sie nicht das notwendige Geld besaßen, um von dort wegzukommen. Andere lebten erst seit einem oder zwei Monaten in der Unterkunft. Wir fragten, ob man den Ort verlassen könne und wenn ja, wie. Natürlich könnten wir, antworteten sie. Wir müssten einfach nur bis zum Bahnhof laufen und von dort aus den Zug nehmen!

Wir wollten Italien verlassen, da es Gerüchte gab, dass Flüchtlinge von Italien zurückgeschickt werden würden. Wir kehrten ins „Camp" zurück, duschten und wuschen unsere Kleidung. Nach dem Abendessen schauten wir ein bisschen Fernsehen und gingen dann ins Bett.

Um halb sieben morgens, noch bevor die Polizei kam, verließen wir das „Camp" in Richtung Bahnhof und nahmen den Zug nach Mailand. Am Bahnhof in Mailand angekommen, entdeckten wir eine Gruppe von Leuten, die gegen eine zusätzliche Gebühr von 10 bis 30 Euro an den Ticketautomaten Fahrscheine für Migranten und Geflüchtete kauften, ganz egal in welches Land sie wollten. Da wir nicht wussten, wie die Automaten funktionierten, sprachen wir einen Mann aus der Gruppe an. Er kam ursprünglich aus Eritrea, war aber schon länger in Italien und beherrschte die Landessprache.

Als er uns fragte, in welches Land wir fahren wollten, hatten wir keine Antwort parat. Er schlug Deutschland vor. Wir waren einverstanden und er machte sich daran, das Ticket zu kaufen. Allerdings löste er ein Ticket nach Rom! Er behauptete, dass es ein Versehen gewesen sei und er weder das Ticket umtauschen noch das Geld zurückbekommen könne. Wir mussten ein neues Ticket kaufen, obwohl wir zusammen nur insgesamt 500 Euro bei uns hatten. Der Eriträer löste einen weiteren Fahrschein, diesmal nach München. Dann nahm er das übriggebliebene Ticket nach Rom an sich und sagte, er müsse es entsorgen, weil es nicht mehr gültig sei.

Schon kurze Zeit später kam der „ICE" in Richtung München. Der Mann zeigte uns den Zug und drängte uns einzusteigen. Kaum dass wir an Bord waren, setzte sich der Zug in Bewegung und wir fuhren über Österreich nach Deutschland. Es war der Abend des 5. August 2015.

24. München

Wir erreichten Deutschland gegen Mitternacht. Der Zug hielt an einem Bahnhof und Polizisten stiegen zu, um die Wagons zu durchkämmen. Alle Migranten und Geflüchteten, die sie bei der Durchsuchung fanden, brachten sie auf den Bahnsteig.

Nachdem die Polizisten ungefähr 80 Personen aus dem Zug geholt hatten, durchsuchten sie uns genau und brachten uns dann in eine Erstaufnahmeeinrichtung in einer großen Sporthalle. Als wir ankamen, waren dort bereits um die 700 Menschen aus verschiedensten Ländern, die meisten von ihnen Frauen und Kinder.

Wir verbrachten die erste Nacht in dieser Unterkunft und am nächsten Morgen wurden wir registriert. Die Beamten nahmen unsere Fingerabdrücke, fotografierten uns und erklärten, an welche Stelle wir uns wenden mussten, um Asyl zu beantragen. Dann konnten wir gehen.

Unser Camp lag nicht weit entfernt, also machten wir uns gleich auf den Weg dorthin. Erneut wurden unsere Namen registriert, dann aber mussten wir drei Tage lang warten, bis unsere Namen aufgerufen wurden und wir an der Reihe waren. Wir erfuhren, dass wir bald nach Sonthofen gebracht werden würden und unsere Sachen packen sollten. Also kehrten wir in unsere Unterkunft zurück, um uns für die Reise fertig zu machen.

Schon kurz darauf kam ein Reisebus. Nachdem wir Proviant für die Fahrt bekommen hatten, stiegen wir ein und der Bus fuhr los. Auf der Fahrt hielt der Fahrer häufiger an und rief auf Deutsch „Pause!“ Natürlich verstanden wir nicht, was er sagte, aber er machte sich mit Handzeichen verständlich.

Wir nutzten die Pausen, um uns die Beine zu vertreten, aßen einen Happen und schossen ein Selfie. Dann stiegen wir wieder ein und die Fahrt ging weiter. Schließlich erreichten wir Sonthofen. Dort wurden wir in Empfang genommen und auf Zimmer in einer Unterkunft verteilt. Wir duschten uns und machten uns etwas zum Mittagessen. Am Abend verließen wir die Unterkunft, um ein bisschen die Stadt zu erkunden. Dabei stießen wir auf einen Bahnhof. Ich schlug Gamar vor, einen Zug in eine andere Stadt zu nehmen. Er war einverstanden.

Am Schalter im Inneren des Bahnhofs saß eine Frau und wir fragten sie auf Englisch, ob wir ein Ticket bei ihr kaufen könnten. Sie nickte. Ohne zu wissen, wo die Stadt lag und wie lange die Fahrt dauern würde, lösten wir zwei Fahrscheine nach Osnabrück. Wenig später kam der Zug und wir setzten uns in Richtung Osnabrück in Bewegung.

25. Osnabrück und Bramsche

Wir hatten einen sehr langsamen Regionalzug erwischt, der an jedem Bahnhof auf der Strecke hielt. Gegen 0:30 Uhr in der Nacht erreichten wir die Haltestelle, an der wir zum sechsten Mal umsteigen mussten. Von dort aus sollten wir weiter in Richtung Osnabrück-Zentrum fahren. Allerdings gab es keinen Anschlusszug mehr und so waren wir gezwungen, auf den Wartebänken am Bahnhof in der Kälte zu übernachten. Um 4:30 nachts kam endlich ein Zug, mit dem wir weiterfahren konnten.

Als wir schließlich am Hauptbahnhof in Osnabrück ankamen, traf ich zufällig einen alten sudanesischen Bekannten aus der Zeit in Libyen, der mittlerweile in Osnabrück wohnte. Er lud uns zu sich nach Hause ein. Dort erzählte er von einer Erstaufnahmeeinrichtung, in der er selbst zwei Monate lang untergebracht war. Er brachte uns noch zur Haltestelle und kaufte Tickets für uns, dann verabschiedete er sich. Wir nahmen den Zug nach Bramsche, die Stadt in der das „Camp" lag, von dem mein Bekannter erzählt hatte.

Am Eingang des „Camps" ließen wir unsere Namen registrieren und erhielten gelbe Papierausweise. Sie wurden in erster Linie für die Essensausgabe gebraucht, aber auch der Tag unserer Ankunft (11.8.2015) und der Termin zur Stellung des Asylantrags (28.8.2015) waren auf dem Kärtchen vermerkt.

Ein Mitglied des Wachpersonals begleitete uns vom Eingang der Unterkunft zur Ausgabestelle für Decken, Matratzen und Hygieneartikel. Danach brachte er uns zu unserem Zelt im Inneren des „Camps". Dort trafen wir auf eine Gruppe von Geflüchteten aus dem Sudan, mit denen wir uns schnell anfreundeten und bis heute in Kontakt stehen.

Bereits kurz nach unserer Ankunft gab es Mittagessen. Wir machten uns auf in den Essenssaal. Dort angekommen konnte ich jedoch meinen Geldbeutel nicht mehr finden und das Personal an der Essensausgabe weigerte sich, mir ohne das gelbe Kärtchen Essen auszugeben. Ich ging also erneut zum Eingang des „Camps", um ein neue Karte zu bekommen. Auf dieser war allerdings ein anderes Datum für meinen Termin zur Antragsstellung vermerkt. Ich protestierte und wollte, dass man mir eine Karte mit dem gleichen Datum ausstellt, dem 28.8.2015. Das Personal beschwichtigte. Man versicherte mir, es sei trotz der neuen Karte kein Problem, den Asylantrag am 28.8.2015 zu stellen. Also gab ich nach.

Im Laufe der Zeit gewöhnten wir uns an die Umstände im „Camp". Abends spielten wir Fußball, Volleyball oder Basketball, sodass Langeweile gar nicht erst aufkam. Schon im „Camp" begann ich diesen Bericht zu schreiben. Der Anfang gestaltete sich jedoch schwierig, da ich kein Geld hatte, um mir Stift und Notizbuch zu kaufen. Schließlich besorgte mir einer meiner neuen Bekannten im „Camp" die notwendigen Utensilien.

Nach ungefähr zweieinhalb Wochen im „Camp" kam der große Tag: Endlich war der 28.8.2015! Ich ging extra früh zum Amt, um mir einen Platz in der Schlange zu sichern. Als ich gegen halb sieben morgens dort ankam, war ich jedoch nicht der Erste. Zusammen mit den anderen musste ich noch knapp zwei Stunden warten, bis wir schließlich hereingelassen wurden.

Ich war zusammen mit Gamar gekommen, der noch vor mir an die Reihe kam. Kurze Zeit später wurde mein Name aufgerufen. Ich betrat das Büro, aber man sagte mir gleich, dass mein Termin doch am 31.8.2015 wäre, also erst drei Tage später. Ich müsse leider bis dahin warten. Ich antwortete, dass ich den Antrag, wenn möglich, gerne sofort stellen würde und erklärte, dass ich im „Camp“ die Auskunft bekommen hatte, dass dies kein Problem wäre.

Die Sachbearbeiter gaben nach. Direkt nach der Registrierung meiner Daten eröffneten sie mir, dass ich noch am gleichen Tag in eine neue Unterkunft in Braunschweig umziehen müsste, nannten die Adresse und gaben mir ein Ticket für die Fahrt dorthin. Ich fragte nach dem Grund, aber sie hatten keinen Einfluss auf die Entscheidung, die automatisch durch ein Computerprogramm getroffen wurde.

Traurig verließ ich das Amt und ging zu Gamar, um ihm zu erzählen, dass ich noch am selben Tag in eine andere Stadt geschickt werden würde. Er war geschockt und versuchte mich zu trösten, indem er schwor, dass wir uns schon sehr bald wiedersehen würden. An diesem Tag trennten sich zum ersten Mal nach über einem Jahr unsere Wege. Ich ging zum „Camp“, um mich von meinen Freunden zu verabschieden und machte mich dann auf den Weg zum Bahnhof.

26. Braunschweig

Noch am gleichen Tag fuhr ich zuerst von Bramsche nach Osnabrück und von dort nach Braunschweig. Am Eingang der neuen Unterkunft zeigte ich meine Unterlagen vor und wurde in eines der Zelte gebracht. Am Anfang fiel es mir schwer mich einzugewöhnen, aber nach einigen Tagen hatte ich mich mit der neuen Situation arrangiert und neue Freunde gefunden. Wir machten Späße, spielten Fußball und manchmal waren wir auch zusammen in der Stadt unterwegs.

Drei Wochen nach meiner Ankunft im „Camp" bekam ich einen Platz einem Sprachkurs in der Nähe einer Kirche. Weil so viele Geflüchtete kamen und nur wenig Zeit und Platz war, gingen die freiwilligen Kurse jedoch nur jeweils eine Woche. Die Kursdaten waren auf unseren Essenskarten vermerkt und am Ende erhielt jeder Teilnehmer ein Zeugnis.

Während meiner Zeit im „Camp" suchte ich jeden Tag den Aushang nach meinem Namen ab. Wenn mein Name auf der Liste stünde, hieße das, dass ich einen Termin für das erste „Interview", die Anhörung zum Asylantrag, beim Bundesamt für Migration und Flüchtlinge hätte. Es konnte aber auch bedeuten, dass ich erneut umquartiert werden würde; vielleicht außerhalb eines „Camps" in eine Stadt oder ein Dorf, vielleicht aber auch einfach nur in eine anderes „Camp".

Eines Tages stand mein Name dann tatsächlich auf der Liste. Als ich zu dem Termin ging, bekam ich jedoch nur die Auskunft, dass die Anhörung leider auf unbekannte Zeit verschoben wurde und ich wieder in eine andere Unterkunft umziehen müsste. Die Sachbearbeiter erklärten mir, dass mir an meinem neuen Wohnort später ein Brief mit dem neuen Termin für die Anhörung zugestellt werden würde. Ich erhielt einen Fahrschein und wurde zusammen mit anderen Geflüchteten nach Hildesheim geschickt.

27. Hildesheim

Wir kamen am 28. September 2015 in Hildesheim an. Nach unserer Ankunft fragten wir Passanten nach einem Ort namens „Landkreis." Sie verwiesen uns auf ein Gebäude, das nur ein paar Meter von uns entfernt war. Aber woher hätten wir das wissen sollen?

Nachdem man uns in dem Gebäude begrüßt hatte, wurde uns mitgeteilt, dass man uns sofort in eine andere Gemeinde bringen würde. Wir sahen uns verdutzt an. Wenn man uns direkt weiterschickte, waren wir dann in der falschen Stadt gelandet?

Wir bekamen ein Taxi bestellt. Der Mann, der uns als Sozialarbeiter begleitete, gehört zu den Menschen, bei denen ich mich glücklich schätze, sie kennengelernt zu haben. Er hat uns damals sehr geholfen und tut es immer noch. Für seine Unterstützung bin ich ihm sehr dankbar!

Das Taxi brachte uns nach Eime, ein Dorf im Landkreis Hildesheim. Am Anfang waren wir um die 16 Personen in der dortigen Unterkunft, aber die Hälfte von uns zog schnell weiter. So waren wir nur noch zu siebt in einem großen Haus, das 20 Personen Platz bot. Aus dem Dorf hatte uns bei der Ankunft niemand begrüßt, wie auch, sie wussten ja nicht, dass wir kommen würden.

Nach einigen Tagen hatten wir uns das Dorf zu Fuß erschlossen. Wenn wir auf der Straße Einwohner trafen, erlebten wir ganz unterschiedliche Reaktionen. Manche blieben stehen und musterten uns verwundert. Andere ignorierten unsere Grüße und liefen einfach an uns vorbei, was wiederum uns irritierte. Manche Menschen lächelten oder grüßten auch, wenn sie uns sahen. Hin und wieder versuchten sie, mit uns ins Gespräch zu kommen, aber natürlich verstanden wir kein Wort von dem, was sie sagten. Besonders beim Einkaufen im Supermarkt zogen wir die neugierigen Blicke der Einheimischen auf uns. Nach ein, zwei Monaten wurden wir der Situation in unserem neuen Dorf ein bisschen überdrüssig.

Zu Beginn des dritten Monats kam dann jedoch der Sozialarbeiter, der uns auch am ersten Tag begleitet hatte, zu uns in die Unterkunft und teilte uns mit, dass er eine Lehrerin gefunden hatte, die uns zukünftig Deutsch beibringen würde. Wir freuten uns riesig über diese Nachricht! Er bemerkte aber auch, dass unsere Gruppe kleiner war als am Anfang und wollte wissen, wo der Rest von uns geblieben sei. Wir erklärten ihm, dass sie bereits am ersten Tag weitergezogen waren, wir aber nicht wüssten wohin.

Unser Helfer hatte zwar darauf beharrt, dass sie für den Sprachkurs eigentlich mindestens 11 Teilnehmer bräuchten. Weil aber einfach nicht genug zusammenkamen, fing die Lehrerin in unserem dritten Monat im Dorf trotzdem mit dem Unterricht an. Da wir kaum Deutsch sprachen, war es sehr anstrengend für sie, uns den Unterrichtsstoff näher zu bringen. So brachte sie uns die Wörter Buchstabe für Buchstabe bei. Wir löcherten sie mit Fragen, die sie immer höchst engagiert zu beantworten versuchte. Vielen Dank für ihr Engagement, ihr gehören mein vollster Respekt und meine größte Wertschätzung!

Später kümmerte sie sich um einen Internetzugang für uns und schloss für uns einen Vertrag über zwei Jahre Laufzeit mit einem Provider ab, sodass wir im Hause Internet hatten. Wenn unsere Lehrerin unterwegs war und wir deswegen keinen Unterricht bei ihr hatten, versuchten wir, am Sprachkurs im Nachbardorf teilzunehmen. Ein Fahrrad wäre da eine große Erleichterung gewesen!

Etwa zwei Monate nachdem wir mit dem Deutschunterricht angefangen hatten, kam ein neuer Schwung Flüchteter aus Pakistan und dem Irak ins Dorf. Weil bei uns zu Hause nicht genug Platz war, wurde der Unterricht daraufhin in eine nahegelegene Schule verlegt. Wir lernten dort zwar weiter, aber natürlich hatten wir durch die zwei Monate Unterricht gegenüber den Neuankömmlingen einen gewaltigen Vorsprung und die Lehrerin musste versuchen, Fortgeschrittene und Anfänger unter einen Hut zu bringen. Nach dem Unterricht verbrachten wir unsere Zeit mit Spaziergängen, manchmal sogar bis in den nächsten Ort.

Schritt für Schritt lernten wir auch die Dorfbewohner ein bisschen besser kennen und sie begannen, uns zu Hause zu besuchen. Nach einer Weile fand sogar eine Willkommensfeier statt, auf der uns auch der Bürgermeister beehrte. Neben einigen Journalisten waren viele Menschen aus dem Dorf gekommen und natürlich fehlte auch unsere Lehrerin nicht. Einer von uns bekam die Gelegenheit etwas zu sagen und er wollte die Chance nutzen, um eine kurze Dankesrede auf Deutsch zu halten. Allerdings versagte seine Stimme und er brachte trotz aller Bemühungen keinen Ton heraus. Also sprach unsere Lehrerin an seiner Stelle.

Nach der Willkommensfeier erhielten wir immer wieder Unterstützung von den Dorfbewohnern. Sie besorgten Kleidung und Schuhe, Fahrräder und sogar Spiele. Ganz besonders engagierte sich der Bürgermeister, der persönlich dafür sorgte, dass wir eine Satellitenschüssel bekamen. Einer der Dorfbewohner schenkte uns Stühle fürs Wohnzimmer und die Küche. Allen die uns unterstützt haben, möchte ich hiermit nochmal meinen ganz besonderen Dank aussprechen!

Eines Tages kamen die Verantwortlichen der örtlichen Fußballmannschaft auf uns zu und boten uns an, bei ihnen mitzuspielen. Wir waren natürlich sofort einverstanden. Wir wurden als Spieler registriert und erhielten Spielerpässe, sodass wir ganz offiziell Teil der Mannschaft wurden und sogar bei den Punktspielen dabei waren. Unsere Freunde und Bekannten aus der Mannschaft besuchten uns und manchmal luden sie uns auch zu sich nach Hause ein. Sie unterstützten uns mit allem Möglichen, von MP3-Playern und Kleidung bis hin zu Handys.

Nach ungefähr 13 Monaten wechselte ich zu einem anderen Verein in einer knapp vier Kilometer entfernten Stadt. Ich sammelte noch mehr Erfahrung, nicht nur dank des Trainers, sondern auch durch die moralische Unterstützung aus den beiden Teams! Ich bin sehr froh und stolz, einen Trainer kennengelernt zu haben, der so viel zu meinem fußballerischen Erfolg und meiner Weiterentwicklung beigetragen hat. Dafür möchte ich ihm von ganzen Herzen danken! Genauso gilt mein Dank all den Freunden und Kollegen in beiden Mannschaften, die mich unterstützt haben!

Da der Unterricht mit unserer Lehrerin nur zwei Stunden in der Woche stattfand und in dieser Zeit auch viel wiederholt werden musste, machte ich mir Gedanken, was ich tun könnte, um schneller Deutsch zu lernen. Ich entschied mich für die Suche nach einer Schule in Hildesheim, um dort einen Deutschkurs zu besuchen. Ich fand einen Kurs, den der Verein „Asyl e. V." aus Hildesheim anbot. Ich bewarb mich um einen Platz und wurde angenommen. Nachdem sie mir das Ticket für die Fahrt bereitgestellt hatten, konnte ich dort mit dem Deutschlernen fortfahren. Ich absolvierte zeitglich zwei Kurse. Jeden Tag besuchte ich den A1- und den B1-Kurs und dann ging ich wieder nach Hause.

Zwei Monate nachdem ich mit dem Unterricht in Hildesheim angefangen hatte, schickte mir die Agentur für Arbeit einen Termin für ein Gespräch. Man wollte von mir wissen, was ich gerade tat. Ich antwortete, dass ich Deutsch lernte und danach gerne eine Ausbildung zum Kfz-Mechatroniker machen würde.

Die Agentur meldete mich im März 2016 an der Oskar-Kämmer-Schule in Hildesheim an und ich lernte dort weiter. Nach einiger Zeit fand die Schule einen Praktikumsplatz für mich in einer Werkstatt für Lkws, ganz in der Nähe der Stadt. Ich absolvierte ein siebenwöchiges Praktikum in der Firma. Nach Ablauf der sieben Wochen entschied der Geschäftsführer, dass ich ein weiteres einmonatiges Praktikum bei ihnen machen sollte, anschließend würden sie mich in die Ausbildung übernehmen.

Leider war ich damals aber noch nicht ganz ein Jahr in Deutschland und erst nach 15 Monaten Aufenthalt war es gestattet, auf eigenen Entschluss hin in eine andere Stadt umzuziehen. Aufgrund der Entfernung wäre das Ticket für die öffentlichen Verkehrsmittel in diesem Fall zu teuer gewesen und so konnte ich die Ausbildung in der Werkstatt leider nicht antreten.

Nach dem Praktikum kehrte ich noch einmal für eine Woche in die Schule zurück. Dann war der Kurs zu Ende und ich nahm den Unterricht mit meiner Lehrerin im Dorf wieder auf, während ich gleichzeitig nach einem neuen Sprachkurs suchte.

Ich wandte mich an eine andere Schule in Hildesheim und bewarb mich um einen Platz in einem Sprachkurs. Ich erklärte ihnen, dass ich unbedingt Deutsch lernen wolle. Aber an der Schule erhielt ich die Auskunft, dass der Sudan nicht zu den Ländern gehöre, bei denen die Anerkennungsrate der Asylanträge relativ hoch und die Bleibeperspektive entsprechend gut seien. Ich würde daher den Sprachkurs höchstwahrscheinlich nicht bewilligt bekommen, sie könnten aber meinen Antrag gerne an die zuständige Außenstelle des Bundesamts für Migration und Flüchtlinge weiterleiten. Da diese gegebenenfalls die Kosten übernehmen müsste, würde die Entscheidung darüber, ob ich ein Anrecht auf einen Platz im Sprachkurs hätte, auch dort gefällt. Bis ich eine Antwort bekäme, müsste ich allerdings vier bis sechs Wochen warten.

Das Büro verwies mich noch an eine andere Schule, bei der ich mein Glück versuchen könnte. Aber auch dort hieß es, dass sie mich leider nicht aufnehmen könnten. Dazu genügte ihnen ein Blick auf meinen Ausweis, der ihnen zeigte, dass ich als Sudanese wahrscheinlich keine Bleibeperspektive in Deutschland hätte.

Zwei Monate später ging ich nochmal zur ersten Schule, um herauszufinden, ob sie bereits eine Antwort erhalten hatten, oder nicht. Als ich das Haus verließ, war ich sehr positiv gestimmt und voller Vorfreude, so als ob ich gerade an einer der besten Universitäten Deutschlands angenommen worden wäre.

Als ich an der Tür des Büros klopfte, bat man mich herein. Mit einem Lächeln auf dem Gesicht fragte ich nach der Antwort des Bundesamts für Migration und Flüchtlinge und erhielt daraufhin einen Brief mit dem folgenden Inhalt:

„Sehr geehrter Herr Zain-Alabidin,

für Ihr Interesse an der Zulassung zum Integrationskurs danke ich Ihnen.

Ihrem Antrag auf Zulassung zu einem Integrationskurs gemäß § 44 Abs. 4 S. 2 Nr. 1 AufenthG kann ich mangels zu erwartendem rechtmäßigen und dauerhaften Aufenthalts nicht entsprechen. Ein rechtmäßiger und dauerhafter Aufenthalt für Asylbewerber besteht, wenn Sie die Staatsangehörigkeit eines Herkunftslandes mit einer hohen Schutz-

quote besitzen (Syrien, Eritrea, Iran, Irak oder Somalia) und die Bundesrepublik Deutschland nach Anwendung der Verordnung (EU) Nr. 604/2013 des Europäischen Parlaments und des Rates (Dublin II-Verordnung) für die Durchführung des Asylverfahrens zuständig ist.

Nach vorliegenden Kenntnissen besitzen Sie nicht die Staatsangehörigkeit eines der genannten Herkunftsländer, so dass ein rechtmäßiger und dauerhafter Aufenthalt im Sinne des § 44 Abs. 4 S. 2 Nr. 1 AufenthG zunächst nicht zu erwarten ist."

Ich war total überrascht und enttäuscht von dieser Nachricht. Traurig und niedergeschlagen verließ ich das Büro und Tränen übermannten mich. Ich war verzweifelt und hatte das Gefühl, ich müsste wild um mich schlagen.

Am selben Tag hatte ich auch noch einen Termin bei der Agentur für Arbeit. Sie hatten einen Platz in einem sechsmonatigen Kurs an einer Berufsschule für mich gefunden. Ich sollte mich sofort entscheiden, ob ich ihn wahrnehmen wollte, oder nicht.

Ich war in einer schwierigen Lage: Ich wusste genau, dass ein „Ja" eine Entscheidung mit Konsequenzen wäre, denn ich beherrschte die deutsche Sprache noch nicht besonders gut und hätte deswegen eigentlich dringend weitere Kurse gebraucht, wozu ich auch hochmotiviert war. Zudem stellte sich die Frage für mich sehr plötzlich und unerwartet und ich musste in kürzester Zeit eine Entscheidung treffen.

Am Ende machte ich mir klar, dass ich eigentlich keine andere Option hatte und stimmte der Ausbildungsmaßnahme, genannt Perju F-H (Perspektive für junge Flüchtlinge im Handwerk) zu. Ich verließ das Büro mit gemischten Gefühlen. Einerseits war ich froh, an eine neue Schule gehen zu können. Andererseits war ich immer noch sehr enttäuscht darüber, dass mir der Platz im Deutschkurs nicht bewilligt worden war.

Schon drei Tage später fing der Unterricht an der neuen Schule an. Ich stand früh auf und machte mich auf den Weg zur Bushaltestelle. Von dort aus fuhr ich zum Bahnhof und dann mit dem Zug nach Hildesheim. Den Rest des Weges bis zur Schule legte ich zu Fuß zurück.

Am ersten Tag wurden wir nur kurz an der Schule willkommen geheißen. Tags darauf bekamen wir eine Führung und wurden mit allen notwendigen Informationen über die Schule und ihre Abteilungen versorgt. Mit mir zusammen fingen, wenn ich mich richtig erinnere, elf weitere Teilnehmer an, allesamt Geflüchtete wie ich.

Im ersten Kurs lernten wir sechs Berufe kennen, die wir jeweils drei Wochen lang im Unterricht behandelten. In den insgesamt sechs Monaten lernten wir etwas über die Berufe Maler, Friseur, Tischler, Bäcker, Verkäufer und Kfz-Mechatroniker. Nach den sechs Monaten sollten wir uns entscheiden, welcher Beruf uns am besten gefallen hatte, um dann in diesem Bereich ein sechswöchiges Praktikum zu absolvieren. Eine der Grundvoraussetzungen war, dass die Firma, in der wir ein Praktikum machen wollten, in der Nähe unseres Wohnsitzes liegen musste. Ich entschied mich, erneut ein Praktikum als Kfz-Mechatroniker zu machen, dieses Mal allerdings in einer Werkstatt für Pkws.

In der Ortschaft, in der ich wohnte, gab es alle zwei Wochen ein Treffen, zu dem die Geflüchteten und ihre Unterstützer aus dem Ort selbst und den Nachbardörfern zusammenkamen. Bei einem dieser Treffen sprach ich mit einem Bekannten über meine Pläne und er schlug vor, einen Freund von sich zu fragen, ob ich nicht ein Praktikum in seiner Werkstatt machen könnte. Und tatsächlich, sein Freund war sofort einverstanden.

Als in der Schule der Zeitpunkt kam, einen Praktikumsplatz auszusuchen, sagte ich der Kursverantwortlichen, dass ich bereits einen Betrieb für das Praktikum gefunden hatte. Logischerweise freute sie sich sehr über diese Nachricht: „Dann müssen wir ja nur noch einen Lebenslauf verfassen und die Bewerbung schreiben“, sagte sie und machte sich an die Arbeit.

Zusammen mit einer gemeinsamen Bekannten, die ich nie vergessen werde, weil sie uns so großartig unterstützt hat und immer motiviert war, uns Hilfestellung zu geben, ging ich zum Vorstellungsgespräch mit dem Besitzer der Werkstatt. Sie begleitete mich zwar, aber ich stellte mich selbst vor und führte auch das Gespräch mit ihm ohne ihre Hilfe. Er war einverstanden mit dem Praktikum und stellte mir einen Ausbildungsplatz in Aussicht, falls ich mich gut schlagen würde. Dass diese Möglichkeit bestand, freute mich natürlich sehr.

Glücklich kehrte ich nach Hause zurück. Ein Woche später fing ich dann mein sechswöchiges Praktikum an. Nachdem es beendet war, hatten wir noch einmal eine Woche Unterricht an der Schule, bevor wir dann mit einer Abschlussfeier, an der auch der Rektor teilnahm, von der Schule verabschiedet wurden.

Am letzten Schultag wurde uns erklärt, dass wir die Schule im Rahmen einer sogenannten BOF-Maßnahme (Berufsorientierung für Flüchtlinge) weitere drei Monate besuchen und danach ein zusätzliches einmonatiges Praktikum absolvieren könnten. Im Rahmen dessen hätten wir die Möglichkeit, uns in einem, oder zwei Berufsfeldern weiterzubilden.

Im Gegensatz zu vielen anderen Teilnehmern entschied ich mich, auch den nächsten Kurs mitzumachen. Ich belegte erneut den Kurs für Kfz-Mechatroniker, in dem neben mir dieses Mal nur ein weiterer Schüler angemeldet war. Unsere sehr guten und umgänglichen Lehrer waren äußerst motiviert uns etwas beizubringen und gaben ihr Bestes, um uns den Stoff näher zu bringen.

Nachdem wir den dreimonatigen BOF-Kurs beendet hatten, fing ich am 1. Juni 2017 ein weiteres einmonatiges Praktikum in dem Betrieb an, bei dem ich schon zuvor drei Monate gearbeitet hatte. Während meines Praktikums stattete mir eine Delegation bestehend aus dem Schulleiter, drei Projektverantwortlichen und einem Journalisten einen Besuch ab. Sie schlugen dem Werkstattinhaber vor, mich im Rahmen einer sogenannten Einstiegsqualifizierung weiter zu beschäftigen.

Er war einverstanden und so begann ich am 1. August 2017 mit der Einstiegsqualifizierung. Zwei Wochen später wurde ich an einer beruflichen Schule in Hildesheim, der Werner-von-Siemens-Schule angemeldet. Diese besuchte ich dann an zwei Tagen in der Woche, während ich die übrigen drei Tage in der Werkstatt arbeitete.

28. Der Ablehnungsbescheid

Eines Abends kam ich todmüde – ich war wie immer früh aufgestanden – von der Arbeit nach Hause. Noch bevor ich meine Tasche mitsamt Essen abgestellt und meine Arbeitskleidung ausgezogen hatte, stürmte mein Mitbewohner auf mich zu und verkündete, er habe eine Überraschung für mich. Er gab mir einen gelben Brief. Wir wussten, ein gelber Brief konnte nur vom Bundesamt für Migration und Flüchtlinge kommen. Es könnte ein Anerkennungsbescheid, aber auch eine Ablehnung oder ein Termin für die Anhörung sein. Aufgeregt nahm ich den Brief von meinem Mitbewohner entgegen. Ich drückte den Umschlag fest an mich und dachte an die Worte des Dichters Qais bin al-Mulawwah, auch bekannt als „Madschnun Laila“: „Ich zähle die Nächte und die Monate und sie vergehen. Aber deine Liebe, die bleibt.“

Wie für alle Geflüchteten, war dies ein ganz besonderer Moment für mich. Was diese Augenblicke wirklich bedeuten, kann nur verstehen, wer selbst einen Antrag auf Asyl stellen musste. In fettgedruckter Schrift teilte mir die Behörde mit, dass meine entscheidende Anhörung bereits in einem Monat stattfinden würde. Ich solle mich auf die Anhörung vorbereiten und könne mir den Dolmetscher selbst aussuchen, wenn ich das wolle. Der Termin war für 8:30 Uhr morgens in einer Stadt in der Lüneburger Heide angesetzt. Einen Tag vor dem Termin bat ich meinen Chef um einen freien Tag für die Anhörung. Er war einverstanden.

Am Tag der Anhörung stand ich um vier Uhr morgens auf und machte mich fertig. Dann brach ich zusammen mit einer sehr guten Freundin auf. Da der Weg relativ weit war und der Ort der Anhörung nur schlecht zu erreichen, nahmen wir ihr Auto.

Wir fuhren um fünf Uhr morgens los. Weil wir etwas zu früh dran waren, machten wir zwischendurch Pause auf einem Rastplatz. Gegen halb acht erreichten wir dann die Außenstelle, in der die Anhörung durchgeführt werden sollte.

Die Außenstelle befand sich auf einem Gelände der Bundeswehr und so mussten wir das Auto abseits parken und zu Fuß zu einem Platz gehen, wo ein Shuttlebus uns abholen sollte. An der Haltestelle warteten schon zwei Männer vom Sicherheitspersonal. Sie schickten uns einen Weg entlang, der mit Bauzäunen gesichert war, bis zu einem kleinen Haus. Das Haus sah wie ein gewöhnliches Wohnhaus aus, sodass wir unsicher waren, ob wir richtig gegangen waren. Am Fenster neben der Tür stand eine Frau, also klingelten wir. Die Frau wollte wissen, wie ich heiße und um wie viel Uhr ich meinen Termin hatte. Sie suchte meinen Namen auf einem Zettel, legte ihn in die Fensterbank und notierte sich etwas. Dann sagte sie, wir sollen hier warten, bis wir sieben Personen sind.

Wir gingen an ihr vorbei zum Wartebereich. In dem großen Raum saßen wenige Leute in Gruppen verteilt. Wir setzten uns mit dem Rücken zu einem großen Fenster. Einige Zeit verging, bis die Frau kam und nach den Personen fragte, die um 8:30 Uhr ihren Termin hätten. Weil vor uns eine sechsköpfige Familie gekommen war, mussten wir uns noch einmal gedulden. Mein Termin rückte näher und wir waren immer noch nicht auf dem Gelände. Aber das Bundesamt hatte das alles berücksichtigt, denn es nahm nicht an, dass alle geladenen Asylbewerber kommen würden und wenn doch, dann nicht pünktlich. So hatte man mehrere Asylbewerber zur gleichen Zeit bestellt. Für die, die doch pünktlich kamen, bedeutete das eine lange Wartezeit.

Die Heizung in dem Haus war nicht an und es war frisch Ende September. Endlich konnten wir mit der nächsten Gruppe zum Shuttlebus. Der Bus brachte uns auf das Militärgelände, das zur Erstaufnahmeeinrichtung und Außenstelle des Bundesamtes für Flüchtlinge und Migration umfunktioniert war. Ich war froh, dass ich meine Zeit bis zur Anhörung nicht in einer solchen Aufnahmeeinrichtung nur unter Geflüchteten hatte verbringen müssen.

Der Bus fuhr auf einer großen Straße an den Kasernengebäuden vorbei. Schließlich hielten wir an und Sicherheitspersonal begleitete uns zu einem Wartesaal. Lange Stuhlreihen waren aufgebaut und alle zur Tür und dem Platz des Koordinators ausgerichtet. Dort warteten bereits viele Menschen. Einige von ihnen waren erst kürzlich nach Deutschland gekommen, andere waren bereits seit bis zu anderthalb Jahren im Land. Manche der Wartenden hatten ebenfalls einen Termin für die Anhörung.

Wir setzten uns in den Wartesaal, doch schon nach kurzer Zeit kam ein sudanesischer Übersetzer und brachte uns in einen zweiten Wartesaal. Dieser war kleiner, aber bereits voll und die Luft stickig. An der Seite waren zwei Stühle für uns frei. Unter den Wartenden war auch eine junge Frau, die ihr Kind im Kinderwagen schaukelte, um es zu beruhigen. Ihr Mann war wahrscheinlich bereits bei seiner Anhörung. Neben uns saß ein Anwalt mit seinem Mandanten. Der Anwalt schaute ständig auf seine Armbanduhr. Eine afrikanische Frau wurde aufgerufen, aber nach kurzer Zeit wieder zurück in den Wartesaal gebracht. Ich nahm an, sie konnte sich nicht mit ihrem Übersetzer verständigen. Dann kam ein junger Sudanese herein, er wurde begleitet von einer deutschen Frau. Sie unterhielten sich als einzige im Raum.

Wenig später holte uns der zuständige Sachbearbeiter ab und wir begaben uns alle zusammen in den Anhörungsraum. Der Mann begann seine Fragen zu stellen und ich beantwortete sie, ohne dabei lange zu zögern. Weder verspürte ich Angst, noch fühlte ich mich von den gestellten Fragen peinlich berührt. Es ging zunächst um meine Staatsangehörigkeit, weil ich ohne Ausweisdokumente eingereist war.

Sehr merkwürdig war, dass ich an einer Stelle der Befragung den Text der sudanesischen Nationalhymne aufsagen beziehungsweise sogar singen sollte. Ich stand auf und die anderen taten es mir nach. Dann legte ich die rechte Hand auf die Brust und gab den Text der Hymne wieder.

Die Befragung hatte gegen neun Uhr morgens angefangen. Nach ungefähr vier Stunden waren wir mit dem ersten Teil fertig und ich konnte 20 Minuten Pause machen. Der zweite Teil der Befragung dauerte dann noch einmal knapp zwei Stunden. Jetzt ging es vor allem um die Frage, warum ich den Sudan verlassen hatte.

Der Sachbearbeiter wollte wissen, ob er das Protokoll an mich oder meinen Anwalt schicken sollte und ich entschied mich für letztere Option. Nach der Anhörung hatte ich ein sehr gutes Gefühl. Auch der Dolmetscher hatte seine Arbeit ausgezeichnet gemacht und alles flüssig und ohne Probleme übersetzt.

Nach der Anhörung wieder zu Hause, fühlte ich mich beschwingt. Mein Gefühl sagte mir, dass ich alle Fragen überzeugend und ohne zu straucheln beantwortet hatte. Ganz bestimmt würde ich eine Aufenthaltsgenehmigung bekommen!

Als ich einen Monat später abends nach der Schicht nach Hause kam, erwartete mich bereits mein Mitbewohner. Traurig sagte er mir mit gedämpfter Stimme, ich hätte einen wichtigen Brief bekommen.

Eilig riss ich den Brief auf und las:

„1. Die Flüchtlingseigenschaft wird nicht zuerkannt.
2. Der Antrag auf Asylanerkennung wird abgelehnt.
3. Der subsidiäre Schutzstatus wird nicht zuerkannt.
4. Abschiebungsverbote nach § 60 Abs. 5 und 7 Satz 1 des Aufenthaltsgesetzes liegen nicht vor.
5. Der Antragsteller wird aufgefordert, die Bundesrepublik Deutschland innerhalb von 30 Tagen nach Bekanntgabe dieser Entscheidung zu verlassen; im Falle einer Klageerhebung endet die Ausreisefrist 30 Tage nach dem unanfechtbaren Abschluss des Asylverfahrens. Sollte der Antragsteller die Ausreisefrist nicht einhalten, wird er in den Sudan abgeschoben. Der Antragsteller kann auch in einen anderen Staat abgeschoben werden, in den er einreisen darf oder der zu seiner Rückübernahme verpflichtet ist."

Unbeschreibliche Enttäuschung ergriff mich, gleichzeitig spürte ich rasende Wut, Scham, Schmerz und Trauer! Ich empfand die Ablehnung als zutiefst ungerecht und hatte das Gefühl, den Boden unter den Füßen zu verlieren. Es fühlte sich an, wie ein schlechter Traum. Ich konnte gar nicht glauben, dass dieser Bescheid wirklich mir galt!

Bis heute weiß ich nicht, welchen Fehler ich begangen haben könnte, der zur Ablehnung meines Asylantrags geführt hat. Wüsste ich, welchen Fehler ich gemacht habe, könnte ich mich wenigstens selbst in die Verantwortung nehmen. Ich überlegte sogar, ob ich vielleicht einen Verstoß gegen die Verkehrsregeln begangen hatte, der mir bloß nicht mehr präsent war. Aber ich erinnerte mich an nichts. Kein Schwarzfahren, nichts dergleichen war passiert. Kein einziges Mal seit meiner Ankunft in Deutschland bin ich ohne gültigen Fahrschein unterwegs gewesen.

In jener Nacht starrte ich die Decke an und fand keinen Schlaf. Ich grübelte unentwegt über den Grund für die Ablehnung, ohne dass ich den Text vollständig gelesen hatte. Erst nach dem Aufstehen am nächsten Morgen las ich den Brief ganz durch und stieß auf die Begründung: Ich hätte nur wenig gesagt und während meiner Aussage sei ich emotionslos gewesen.

Der Ablehnungsbescheid kam von einer Sachbearbeiterin in Frankfurt und nicht von jenem Mann, der die Befragung mit mir durchgeführt hatte. Da sie gar nicht an der Anhörung teilgenommen hatte, irritierte mich ihre Aussage, ich hätte meine Antworten emotionslos vorgetragen. Auch dass ich nur wenig gesprochen hätte, schien mir merkwürdig angesichts dessen, dass ich sechs Stunden lang Fragen beantwortet hatte! Oh, wie gerne würde ich dieser Frau antworten. Sie hatte nicht gesehen, wie viel Kraft und Überwindung es mich gekostet hatte, einem Fremden meine Geschichte zu erzählen. Wahrscheinlich wäre es besser gewesen, wenn ich geweint hätte!

Aber ich habe nie viel geweint. Der schlimmste Moment in meinem Leben war, als ich vom Tod meines Onkels Baschar erfuhr. Damals habe ich bitterlich geweint. Er war 2004 von den „Dschandschawid"-Milizen in Darfur ermordet worden. Um halb fünf Uhr morgens überfielen 30 schwer bewaffnete Reiter unser Weideland. Mein Onkel starb bei dem Versuch, ganz allein die Kühe, Pferde und Schafe zu verteidigen. Die Reiter überraschten ihn und schossen ihm dreißig Mal in den Kopf, bis sein Schädel komplett durchlöchert war und sein Gehirn sich überall auf dem Boden verteilte. Alle Tränen, die ich hatte, vergoss ich, als ich um meinen Onkel weinte, der ohne Kopf begraben werden musste. Ich war gerade erst zwölf Jahre alt und seit damals weine ich selten, denn mit meinem Onkel ist auch in mir etwas gestorben. Allah habe ihn selig.

Ich bin mir sicher, dass viele Menschen sich nicht vorstellen können, was ich durchmachen musste oder meine Geschichte gar nicht erst glauben. Aber es ist die Wahrheit!

Die Ablehnung kam absolut überraschend, sogar für meine deutschen Freunde. Jeder, dem ich davon erzählte, sagte: „Du machst wohl Witze!". „Leider nicht", antwortete ich dann. Alle waren traurig über den Ablehnungsbescheid. Hätten sie entscheiden dürfen, wäre es anders gekommen, sagten sie. Denn ihrer Ansicht nach hatte ich alles richtig gemacht. Ich hatte die Sprache gelernt und alles, was in meiner Macht stand, unternommen, um mich erfolgreich zu integrieren. Sie fanden, dass die Entscheidung ungerecht war.

Für die Geflüchteten unter meinen Freunden und Bekannten wurde ich warnendes Beispiel: Wenn selbst ich abgelehnt würde, dann hätte sie wohl erst recht keine Chance auf Anerkennung! Für sie sah es folgendermaßen aus: Ob sie sich integrieren und die Sprache lernen würden oder nicht, hätte keinerlei Einfluss auf die Entscheidung des Bundesamts für Migration und Flüchtlinge. Die Ablehnung war nicht nur für mich eine kalte Dusche. Sie verunsicherte auch viele andere Geflüchtete, die in mir ein Vorbild für das sahen, was man mit Fleiß und Willenskraft erreichen kann.

Auch für die Deutschen, die mich unterstützt hatten, war der Bescheid eine herbe Enttäuschung. Einige von ihnen besuchten mich, um mir Mut zuzusprechen: „Halte durch", sagten sie, „es wird bestimmt alles gut!" Sie versicherten mir, dass sie es nicht zulassen würden, dass ich aus ihrer Mitte gerissen oder gar abgeschoben werde.

Auf meinem morgendlichen Weg zur Arbeit kam ich immer an einer Gruppe Kinder vorbei. Sie waren nicht älter als acht und warteten gewöhnlich an der Haltestelle auf den Schulbus. Im Vorbeifahren grüßten sie mich und wir scherzten und lachten kurz. Auch am Tag nach der Ablehnung kreuzten sich unsere Wege und wie üblich machten wir kurz ein bisschen Schabernack. In ihrer Unschuld konnten die Kinder ja nicht ahnen, welcher Schmerz mich innerlich zerriss. Aber diese unschuldigen Neckereien taten mir gut und meine Stimmung hellte sich ein wenig auf. Auf der Arbeit angekommen erzählte ich meinem Chef von der Entscheidung des Bundesamts für Migration und Flüchtlinge. Er war perplex und sprach mir gut zu, ich solle mir keine Sorgen machen, wir würden eine Lösung finden.

Ich nahm einen Tag frei, um einen Anwalt aufzusuchen. Ich wollte mehr wissen über die Gründe für die Ablehnung, was genau sie für mich bedeutete und was ich tun konnte. Ich begab mich zu einem Anwalt, der für eine Hilfsorganisation für Geflüchtete und Migranten in Hildesheim arbeitete. Er war der Ansicht, dass der Ablehnungsbescheid unbegründet war, und versicherte mir, dass ich keine Angst zu haben bräuchte. Auch er wunderte sich darüber, dass ich bei der Anhörung sechs Stunden lang Auskunft gegeben hatte und die Beamtin dennoch anführte, ich sei wortkarg gewesen.

Er empfahl mir, schnell einen Anwalt zu nehmen, um die Entscheidung anzufechten, bevor die Frist von zwei Wochen verstreichen würde. Er bot an, das Mandat selbst zu übernehmen aber ich wollte mir privat einen eigenen Anwalt suchen. Immerhin hatte ich ja die Ablehnung bekommen, noch bevor mir überhaupt das Protokoll der Anhörung zugesendet worden war!

Über einen Freund fand ich einen passenden Anwalt und er vereinbarte für mich einen Termin in dessen Kanzlei. Der Anwalt übernahm das Mandat tatsächlich und legte Widerspruch gegen den Ablehnungsbescheid ein.

Noch während ich diese Zeilen schreibe, warte ich darauf, dass das Gericht über meinen Widerspruch entscheidet. Laut meinem Anwalt kann dies zwischen sechs Monaten und einem ganzen Jahr dauern. Inzwischen sind schon über ein Jahr und vier Monate vergangen.

*

Niemand, der sein Heimatland verlassen hat, ausgewandert oder geflohen ist, hat dies freiwillig getan. Sie alle waren dazu gezwungen. Unabhängig von ihrer Religion, ihrer Hautfarbe und den Sprachen, die sie sprechen. Sie sind alle Menschen, Menschen genau wie ihr.

Sie haben keine Schuld. Die Schuldigen, das sind ihre diktatorischen Regierungen. Diese Menschen hingegen wollen einfach nur ihr Leben retten und ihren Seelenfrieden finden. Sie versuchen, daran besteht kein Zweifel, der Hölle zu entkommen, in der sie leben mussten.

Jetzt brauchen sie dringend Menschen, die sie unterstützen, ihnen Zuflucht bieten und ihnen dabei helfen, zurechtzukommen. Und wahrscheinlich brauchen sie auch Menschen, die sie aus ihrer Einsamkeit holen und mit ihnen die Leere füllen, die ihr bisheriges Leben zuweilen hinterlassen hat.

Es sind Menschen, die im Gespräch scherzen und lachen, aber in ihrem Innersten von einem Schmerz zerfressen werden, den nur wenige kennen. Ich wünsche mir, dass ihr ihnen unvoreingenommen gegenübertretet und tut, was in eurer Macht steht, um ihr Leben ein bisschen besser zu machen.

Ich widme dieses Buch all jenen, die aus ihrer Heimat auswandern oder flüchten mussten.

Hildesheim, im Mai 2019